CALUNGA REVELA

AS LEIS DA VIDA

Luiz Gasparetto e Lúcio Morigi

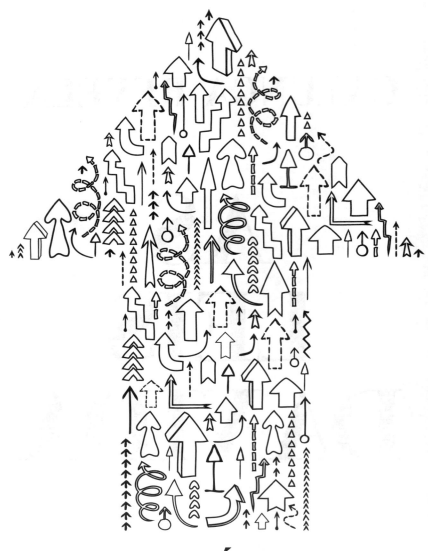

SUMÁRIO

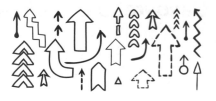

INTRODUÇÃO **5**

1. Lei da unidade: Tudo é único 9

2. Lei da transformação: Tudo muda 33

3. Lei da evolução: Tudo evolui 59

4. Lei da eternidade: Tudo é eterno............... 85

5. Lei da funcionalidade: Tudo é funcional.... 123

MENSAGEM DO CALUNGA **145**

6. Lei da conexão: Tudo está ligado.............. 151

7. Lei do crer: Tudo depende das crenças.... 171

8. Lei da relatividade: Tudo é relativo 201

9. Lei do destino: O que é para eu ser, serei.... 231

10. Lei da perfeição: Tudo é perfeito............. 259

MENSAGEM FINAL DO CALUNGA **281**

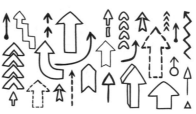

INTRODUÇÃO

Este trabalho se originou de um curso de três horas que o Calunga ministrou ao Colegiado dos Filhos da Luz, no espaço da Espiritualidade Independente. Achei-o tão espetacular que, logo após a primeira aula, procurei o Luiz Gasparetto, dizendo-lhe que o curso mereceria um livro. Como ele estava com a mesma ideia, concordou imediatamente.

Pelo fato de três horas de ensinamentos não serem suficientes para a edição de um livro, não por seu conteúdo, mas pelo volume, combinamos, então, de nos reunir semanalmente, eu, o Gasparetto e o Calunga, para juntarmos mais material, mesmo porque o nível de profundidade precisava ser mantido com informações que só um sábio como o Calunga possui.

Confesso que nesses dez encontros, em que tratamos de uma lei por semana, me senti a pessoa mais privilegiada do planeta, tal a preciosidade dos ensinamentos. Juro que eu gostaria que as Leis da Vida fossem pelo menos cem!

Nossa liberdade só é adquirida com conhecimento. O conhecimento traz a lucidez da luz, o esclarecimento, e a escuridão sai. Se soubermos como lidar com as coisas, conseguimos andar.

Se não soubermos, não saímos do lugar. Onde há saber, conhecimento, esclarecimento, não há dor. Toda dor é fruto da ignorância, das trevas, onde não há luz.

Quanto mais conhecimento temos da vida, mais nos viramos, mais temos liberdade, poder e progresso.

O propósito deste livro é este: nos ajudar a conhecer as Leis da Vida, para que elas funcionem em nosso dia a dia e tenhamos êxito em nossos propósitos.

Em todas as áreas da nossa existência, em absolutamente tudo com que lidamos no nosso cotidiano, existe uma coisa em comum para que aquilo caminhe de maneira adequada, organizada e funcional, e tenha um bom resultado: uma diretriz, uma regra, uma norma, enfim, uma lei.

Nas empresas é assim; no governo, na escola, no exército e na família é assim; na física, na química, na música, na cozinha e até no tanque de lavar roupas também é assim.

A sociedade precisa seguir determinadas leis do governo para ser organizada, e quem não as segue é punido de acordo com o grau de sua transgressão.

A cozinheira, além de seu talento e de sua criatividade, precisa seguir as regras da culinária para fazer uma comida saborosa. De que adianta fazer uma bela macarronada se deixar de pôr sal, por exemplo?

No outro extremo, o universo, se não fossem as leis da física, seria um caos total, mas ele prima pela organização e pela funcionalidade.

O que é lei? Lei é o que faz funcionar. É o como funciona. Lei é função. Lei é o que regulamenta, e regulamentar é uma função. Por que o cientista estuda os fenômenos físicos ou os fenômenos químicos? Para descobrir como aquilo funciona.

Quando as pessoas descobrem, por meio da química, que isso reage com aquilo, dessa ou daquela forma, sob certas condições, podem produzir, controlar e dosar determinadas substâncias que resultarão num remédio, por exemplo. A mínima diferença na dosagem pode tornar o remédio ineficiente ou tóxico.

Se a tecnologia é tão sofisticada e avançada, é porque as leis da física possibilitam isso. Ela só funciona dentro das leis da física. Da mesma forma, a vida só funciona dentro de certas leis. Fora delas, a vida vai ficar emperrada, caótica.

Assim, se quisermos melhorar, progredir, precisamos agir dentro dessas leis. Se não soubermos, se não agirmos nas leis, o resultado será ruim e até catastrófico.

Assim sendo, toda vez que nos deparamos com algo que não deu certo, que provocou sofrimento, é porque agimos fora das Leis da Vida, ou seja, alguma lei foi ignorada.

Mais uma vez, onde há ignorância, há dor. Onde há conhecimento e prática desse conhecimento, o resultado sempre é bom.

Você precisa conhecer AS DEZ LEIS DA VIDA, para que a sua vida funcione de forma harmônica e você alcance os resultados positivos que deseja.

Lúcio Morigi

PRIMEIRA LEI

Lei da unidade: TUDO É ÚNICO

A mais importante das dez leis da vida é, sem dúvida, a primeira, pois todas as demais dependem dela e se alicerçam nela, e todas são coerentes entre si. Tudo é único, logo, não há nada igual em todo o universo.

Você é único, o mosquito é único, a pedra é única. Duas folhas de árvore, em todas as florestas do mundo, também não são iguais. Não há sequer um grão de areia igual a outro em todos os desertos e em todas as praias do planeta. Se você duvida, procure verificar num microscópio. Se a criatividade divina é infinita, qual a razão de se repetirem duas coisas?

Há semelhantes, mas não iguais. A semelhança é necessária na vida, na natureza, para sua própria funcionalidade. Já imaginou se cada indivíduo contraísse uma doença diferente? Não haveria necessidade, ou melhor, possibilidade de se fazer qualquer pesquisa para desenvolver determinado remédio. No entanto, a forma como cada um se relaciona com uma gripe, por exemplo, é individual.

Trazendo a lei para nosso comportamento e para nossas atitudes diárias, se absolutamente nada é igual, nenhuma comparação faz o menor sentido. Isso faz toda diferença. Comparar-se, então, é antinatural, e tudo que é contra a natureza é prejudicial. Comparar-se aos outros é rejeitar-se, é desvalorizar-se, é não aceitar sua individualidade, atributo essencial do espírito.

Só sua individualidade o levará à realização.[1]

Quem tem posse de si não se compara a ninguém, visto ter sua individualidade bem definida, eis que se considera sui generis, único, aceitando-se como é. Cultua para si o pressuposto estou no mundo, não sou do mundo, e está longe de pertencer à vala comum.[2]

Nada alegra tanto a Alma como o investimento em sua individualidade, e desenvolvê-la é investir na sua realização.[3]

"Ah, você é feminina, ela não é." Que absurdo! Cada mulher tem maneira própria de expressar

---
1 Trecho extraído do livro *Revelação da Luz e das Sombras*, dos mesmos autores deste livro, publicado pela Editora Vida & Consciência.
2 Idem.
3 Idem.

sua feminilidade. A própria feminilidade em si é diferente em cada mulher. O que diremos, então, da sexualidade, um assunto cheio de tabus e preconceitos?

Sexos há apenas dois — masculino e feminino —, porém, sexualidades há tantas quantas pessoas houver no planeta. Cada indivíduo expressa sua sexualidade a seu modo. Não há dois heterossexuais ou dois homossexuais com a mesma sexualidade. A sexualidade é absolutamente individual. Então, sua sexualidade é perfeita do jeito que é, já que ela é única.

A igualdade não existe, mas para a própria funcionalidade da vida, como foi dito, existe a semelhança. As pessoas se agrupam de acordo com certas características e dizem que são semelhantes. Semelhante nunca é igual. É um agrupamento por condições parecidas, próximas. A semelhança mostra uma sequência lógica da transformação, porque tudo segue essa lógica. Quando dizemos que os iguais se atraem, não é verdade. São os afins que se juntam. Os afins encontram proximidade, não igualdade.

A capacidade de consciência do ser humano, através do seu cérebro, toma uma massa de energia condensada e a transforma em algo com determinada forma, porque ele não sabe pensar sem formas.

Daí, ele diz "isso é uma mesa", "isso é uma caneta com essa forma e com essas características", e, se faltar alguma coisa, ele junta, inventa e completa com a mente. O cérebro corrompe a realidade para dar uma estrutura que faça sentido. Se você não vir uma coisa completa, ele completa com a mente.

Da mesma forma, na sua visão, você olha e vê como igual, mas é semelhante. Se tudo é único e nada é igual, você é incomparável. Sendo assim, qualquer comparação que você faz com o outro se torna um absurdo.

O maior mal que você pode fazer para si é se comparar, porque estará se rejeitando, não se aceitando, se negando. Como a vida o trata do jeito que você se trata, ao se negar, a vida fará o mesmo com você. Para tudo o que você desejar, receberá como resposta da vida um *não*.

Se a comparação é uma grande ilusão que faz muito mal, então não se justifica nenhuma espécie de complexo, principalmente o de inferioridade. "Ah, você é gorda. Não, eu sou do meu tamanho." "Ah, você não é bonita. Não, minha beleza é diferente." "Ah, você é ignorante. Não, certas coisas eu sei e outras ainda não aprendi." Nem um lado do rosto é igual ao outro. Não há simetria.

Desse modo, as expressões do tipo "eu devia, eu não devia, se eu fosse, se eu não fosse" são pura fantasia da sua mente. Trate de nunca mais conjugar esses verbos na sua vida, sob pena de ela lhe recusar aquilo que você mais quer.

Não adianta, você vai ter uma vida única, tudo o que vai acontecer vai ser único e só vai acontecer daquela maneira com você. Diga constantemente: "Eu sou único; não sou igual a ninguém; não sou mais nem menos que ninguém, só sou diferente; minha individualidade é sagrada; eu me respeito e me aceito do jeito que sou; o que o outro pensa de mim só interessa a ele".

A consciência de cada um encontrava-se latente no seio divino, sem contraste nenhum. Apenas dormia na eternidade com Deus. Quando Deus quis que essa parte dEle tivesse consciência, Ele a colocou no mundo dos contrastes.

O universo é a vida onde a vivência, os contrastes começam a se realizar. Diante disso, cada consciência começou a notar, a perceber na matéria, isto é, nasceu para a realidade, para a vida e cada um vem fazendo o caminho onde tudo tem que ser diferente, senão dorme e volta para o seio de Deus e emperra a evolução.

Para haver consciência é preciso haver contraste. Não há espetáculo de fogos de artifícios ao meio-dia. O fato de tudo ser diferente no universo é que faz a consciência existir. Se eu lhe disser que no papel branco há uma bola, você não vai percebê-la enquanto eu não começar a desenhá-la. Da mesma forma, o mal só existe devido à existência do bem. Se você não chora, você não ri. Se você não for triste, não terá alegria. Sem o contraste, não há percepção, não há consciência.

Realidade é contraste. A pessoa que recusa a realidade, que não aceita os fatos, que não se aceita, vai se apagando, se apagando... Primeiro vem a solidão, depois a depressão, depois a deformação física, depois a desistência da vida e, se continuar assim no astral, fica tão grave que se torna um ovoide ou, então, se torna debiloide, perdendo uma série de faculdades. A pessoa vai atrasando a evolução porque não tem contraste.

Não significa que ela deixou de evoluir. Apenas está fazendo o que ainda não aprendeu direito.

É apenas um estágio, porque tudo é funcional e circunstancial. Por mais que a pessoa tenha decidido tomar aquele caminho, ela não regrediu, apenas tomou um caminho. É como a velhice. Não é regressão, é um caminho. Nada é durável. Tudo está se transformando. A durabilidade é um ângulo de sua percepção. Você vê uma cadeira e diz que ela está durando, mas ela está se transformando, e um dia vai se transformar em outra coisa. Estável é uma condição que a consciência põe. Você quer estabilidade? Não vai ter!

No caso dos ovoides, há ajuda no astral, pois não se pode voltar muito atrás para não retornar à latência. Então, há interferência para trazer de volta algum estímulo para que saiam daquela situação. O ambiente vai forçá-los a mudar. O ambiente não deixa nada parar, mesmo que o arbítrio opte por isso ou por aquilo. Está implícito que aquilo depende disso e isso depende daquilo.

Tudo é interdependente, então não tem como parar. O ambiente, através de seus contrastes, força a mudança. Por isso a indiferença do outro é a pior coisa para alguém. Na indiferença não há contraste.

O esquecimento voluntário, isto é, fingir que não está vendo e se enfiar embaixo do tapete, provoca uma reação, que é a dor. No caso, a dor é o estímulo para a pessoa perceber: olha o que você está fazendo contra si! A dor é um grande contraste. Há vida na dor. O sistema sensório, seja para produzir prazer, seja para produzir sofrimento, é vida.

Um tema recorrente na vida de qualquer pessoa merece uma referência especial quando falamos da lei da unidade. Trata-se da afetividade. Eu existo porque você existe. Você não só existe aqui na minha frente, como também é diferente.

Se todos os seres fossem iguais, eu não teria noção de mim. Se só existisse a cor azul, ninguém perceberia a própria cor azul. O peixe, que nunca sai da água, é a última criatura a falar como é a água. Ele não sabe de outro ambiente. A consciência surge devido à diferenciação. Eu existo porque nós somos diferentes. É porque você é diferente de mim que eu me vejo.

A afetividade é contato. Você sente minha mão por causa da diferença de densidade de pressão e de calor. Se eu tocasse bem leve em seu corpo, você não iria sentir que alguém o tocou.

No meu toque houve contraste. Esse contraste, esse contato produz uma reação no espírito, uma sensação que se chama afeto. Afeto é contraste. Por isso há gente que prefere um tapa a não sentir nada, assim ele se percebe vivo e não se apaga.

A afetividade só acontece aí dentro de você. São as suas sensações que importam. Se você ama ou não a outra pessoa, não conta nada para ela. Ela não vai sentir isso. Mas, quando ela o ama, ela tem tudo, menos você, porque você vive aí dentro de si, e só suas sensações, seus sentimentos é que são seus. Por que você quer tanto os sentimentos dos outros? Não vão servir para nada. Veja como sua vida afetiva é pobre.

Primeiro, você tem que reconhecer que você é responsável pelo que acontece aí dentro. O gostar de alguém ou de algo é coisa da alma, e a alma, por sua vez, é vagabunda, imoral, sem regras. Ela não tem nada a ver com o que você está fazendo com as pessoas. Ela funciona independente da cabeça.

Sabe aquele cafajeste que fez você sofrer? Sua alma ainda gosta dele. "Ah, ele é um tremendo de um cafajeste, mas ainda gosto desse filho da mãe." Não é assim? A alma gosta ou não gosta. Não quer saber se é imoral, se não é ético.

A segunda coisa é você achar que a afetividade depende dos outros. "Olha, para eu gostar de você, é preciso que seja sincero, fiel, se comporte assim, assado."

Para início de conversa, você não é assim e, não sendo, vai atrair alguém semelhante. Ora, para você ser sincero é preciso ter um contato sincero com sua alma para saber o que ela sente. E já começa que você não tem esse contato. Você aceita as condições dela, como a espontaneidade do afeto, do carinho e do amor?

Depois, ninguém é cem por cento sincero, porque isso é impossível. A afetividade e o amor verdadeiros são espontâneos. Não depende das condições do outro. Agora, o outro precisa mudar para que mereça sua afetividade?

Então, você se casou com alguém que você quer que lhe tapeie, não é? Claro que uma situação dessas não tem esperança nenhuma de vida afetiva. Como pode querer que alguém garanta alguma situação para você? Só sendo um desequilibrado para exigir isso.

Pense bem, vai colocar o seu bem-estar nas mãos do outro e, caso ele não faça o que você quer, vai puni-lo, vai se fechar, não vai mais amá-lo? É melhor que a pessoa não o ame, porque quando você a ama exige tanto dela, enche o saco, fica cobrando isso e aquilo. "Ah, não faz assim que dói." Credo! Você quer que o outro mude para você se sentir bem? Ninguém nasceu para servir ninguém. Ninguém é seu criado. Você é que tem que se bancar.

Você olha para o outro e se sente feliz. Ótimo! O outro não tem nada a ver com isso. Você não se sente bem? Então, beleza. Você tem a cabeça boa para se manter no bem-estar.

"Ah, ele falou alguma coisa que eu não gostei, mas não me importo, eu gosto dele mesmo assim." Excelente! Você fez a sua parte. Bancou. Agora, você não faz isso e fica esperando o outro melhorar para ter uma chance de se expressar? Ninguém vai melhorar por sua causa. Você ainda não percebeu isso? Quem precisa melhorar, mudar, é você. Aliás, a carência afetiva é sua.

Se cada um é único, se cada um tem sua sagrada individualidade, como você pode fazer exigências ao outro? Como você pode querer que o outro mude para que você tenha a sua afetividade resolvida? Não vai ter nunca, porque isso é puro delírio.

Para poder existir cheio de si, para existir na consciência plena, é preciso fluir no afeto, mas você não dá condições. Você impõe tantas leis, obstáculos e condições que acaba vivendo na carência afetiva.

O que adianta ter uma manifestação afetiva externa se você não se sustenta afetivamente por dentro? Imagine, então, quando a idade chegar, com essa cabeça que você deixou os outros fazerem? "Não, porque estou velha, sou feia, pessoas de idade não fazem sexo...".

Que absurdo! A pior das ilusões é achar que as pessoas vão gostar de você só porque é bonita. "Ah, as pessoas bonitas têm tudo e as feias não têm nada." E você ficou nas feias, não é? Foi você que se pôs lá.

Quando você tem afetividade consigo, seu padrão energético se torna melhor, melhora o fluxo e atrai pessoas afetivas. A vida o trata como você se trata. O grande segredo do sucesso na afetividade e nos relacionamentos é darmos a nós mesmos aquilo que queremos que os outros nos deem, como carinho, amor, atenção, apoio, consideração, companhia etc.

Assim, o padrão energético fica de qualidade e atrai pessoas de qualidade. O que atrai ou repele as pessoas é o padrão energético. Todo mundo gosta de estar com uma pessoa nutritiva. A pessoa é nutritiva porque sua afetividade flui, e flui porque ela respeita sua individualidade e não exige que os outros sacrifiquem a deles para satisfazerem suas vontades.

Afeto é toque, toque é contraste e contraste faz você existir, perceber, sentir. Existir é o estado de percepção da consciência. Quanto mais você aceita, quanto mais houver variabilidade, quanto mais sentir o toque, mais você está vivo, mais você existe. A bênção da sua vida é a existência desse povo todo diferente de você, porque quanto mais eles são eles, mais você é você.

A vida o cerca de diferentes para que você seja mais você mesmo, e ela vai lhe trazer um monte de coisas diferentes, senão você dorme e apaga a consciência.

Não é assim quando você está dirigindo numa rodovia reta e plana por várias horas?

Não há curvas, não há subidas e descidas, não há contrastes, então você começa a sentir sono. Por isso que a mesmice, o comum, atrapalha você. Por isso que o diferente faz sucesso.

Por isso, você nunca vai ter sossego. Acaba uma coisa, vem outra. "Ah, mas agora que eu ia sossegar?" Não. Se sossegar, dorme, emperra a evolução. Dessa forma, o estímulo é constante. Se não for pela inteligência, fatalmente será pela dor, pelo desconforto. Para o universo, essa dor é um toque afetivo.

As diferenças, que no fundo são toques, são a manifestação do amor divino. Assim, quando você aceita o semelhante como ele é, você o faz existir. Quando você o rejeita, você o mata. Sua indiferença o mata e mata algo em você, porque deixa de perceber-se. Se você quiser matar alguma coisa em si, como uma maldade dos outros, é só ser indiferente.

A indiferença é uma grande arma humana, de enorme utilidade, que você pode usar para o bem contra a maldade humana. Na indiferença, você tira o contraste e, sem contraste, a coisa deixa de existir. Em vez de ficar aí na revolta, no ódio que o corrói, joga indiferença naquilo: "Ah, isso é bobagem! Isso não existe, é coisa de criança".

Na indiferença você mata qualquer mal pela raiz. Isso é evoluir pela inteligência. Isso é elegância espiritual. Isso é compaixão. Quando você não usa a inteligência para evoluir, vem outra coisa no lugar, a dor, já que a evolução é inevitável.

Igual a ontem não vai acontecer. Uma situação nunca será igual à outra porque as variáveis envolvidas são inúmeras. Igual ao outro não vai ser, mesmo porque a vida de cada um se desenvolve de acordo com suas crenças.

"Ah, mas ele fuma, então vai ter câncer." Tem gente que fuma até os cem anos e não morre de câncer. Se a comparação fizesse sentido, todo mundo que fumasse morreria de câncer e quem não fumasse não morreria de câncer nos pulmões.

Do conceito de que tudo é único, de que nada é igual, podemos tirar uma importantíssima conclusão: não existe apenas uma realidade. Há a realidade que está aí, a do senso comum, decorrente do somatório de todas as crenças individuais do planeta. Porém, há tantas realidades quantas pessoas houver no planeta, porque a realidade é individual. A minha realidade jamais será igual a sua. "É, mas a realidade é dura!" É porque você está mergulhado nela.

Não vou negar que a realidade comum tem sua dureza. Claro, como disse, ela é o efeito das crenças individuais que, no geral, são totalmente ilusórias. O que você pode esperar de uma ilusão? Dor. Mas a sua realidade não precisa se alinhar a essa realidade. Cada um tem suas crenças individuais e diferentes que farão com que sua realidade seja desse ou daquele jeito.

Por isso há pessoas mais bem-sucedidas que outras, com uma realidade melhor, apesar de acharem que a realidade comum é difícil. Ora, as crenças delas são melhores. A maioria das realidades é semelhante porque as pessoas cultivam crenças semelhantes.

Desse modo, você pode e deve construir uma realidade boa, independentemente dessa que está aí. É só mudar suas crenças e atitudes. Se fizer isso, tudo que a realidade comum tiver de bom, e há muita coisa boa, você vai usufruir e tudo que tiver de ruim não vai interferir na sua realidade.

Quando se fala da lei da unidade, outro absurdo que salta aos olhos é o ideal. Ideal é o que cada um põe na sua ideia. Serve para ele, não para você. Toda ideologia é absurda, só serve para quem a inventou, e olhe lá. Não existe o ideal, mas o individual, o natural.

Por essa razão o comunismo é uma tremenda insensatez. O comunismo é uma aberração diante da natureza humana, da sagrada individualidade e, sem dúvida nenhuma, todo regime comunista está fadado ao fracasso, como já está acontecendo. Você não é comum. Ninguém é comum.

A idealização é uma afronta à lei da unidade, da individualidade. "Ah, aquela mulher é uma mãe exemplar; aquele homem é um pai ideal." Ninguém é exemplo, modelo, padrão pra ninguém, porque cada um é único e incomparável. Ninguém é normal, porque a normalidade não existe em se tratando da lei da unidade.

Quando você pensa assim, fica sujeito à obrigação de representar papéis contrários à natureza do seu espírito para não fazer feio, para se adequar à sociedade. Em outras palavras, você fica na dependência do olhar, da opinião do outro. Depois não reclame se for manipulado, roubado e rejeitado por eles.

Todo complexo de inferioridade tem origem no confronto entre o ideal e o natural. A pessoa se sente diferente, anormal e não adequada ao comumente aceito.

Por isso se desaponta, se torna uma complexada, atraindo para si toda espécie de problemas de ordem mental, psicoafetiva, física, emocional, que vai desde uma simples tristeza a uma depressão profunda. É um preço muito alto só para fazer gracinha para o mundo, só para aparecer para os outros, não acha? A natureza não vai deixar você doente se você não agredi-la.

Todo sofrimento provém do desencaixe de sua individualidade, ou seja, todo o seu poder está no exterior e é manipulado por ele. Você foi educado a fazer o bem, a servir, a não incomodar os outros, não importa o preço a ser pago. Como a vida o trata do jeito que você se trata, dá para perceber a origem de todos os seus males?

A inteligência lhe mostra que o princípio da individualidade é o princípio da lucidez. Se você não fosse único, você não teria a sensação de existir. Por isso a vida superior, a vida melhor é a aceitação das individualidades, das diferenças e não do ideal, dos modelos, dos padrões. Não só devemos aceitar, como devemos cultivar.

Quem aprecia as diferenças evolui mais rápido, fica cheio de vida. Quanto mais você diz sim para as diferenças, mais a vida diz sim para aquilo que você quer. Você vai e desabrocha. Você não se perde com aquilo que é ou não é como o outro quer.

"Ah, cada um está no seu próprio caminho, como eu estou no meu, que é único." Então, sua individualidade cresce, você adquire mais posse de si, e quanto mais posse de si, mais firmeza e sucesso obtém, sem contar que fica cada vez mais imune a toda espécie de energia densa de encarnado ou de desencarnado.

Aos poucos, você não sofre mais o mundo. Começa a caminhar nele sem transtornos e, o que é melhor, vai usufruir tudo aquilo que você aprecia nele. Você terá um grande dom, pois, ao aceitar as diferenças, acaba provocando um fenômeno cósmico de equilíbrio chamado fraternidade. Tudo é a seu favor e você é a favor de tudo. Fraternidade é a aceitação de conviver com as diferenças. É a apreciação das diferenças.

Diante disso, na sua família você vai apreciar que eles são diferentes, que eles pensam diferente, que foi por causa deles que você foi obrigado a ser mais você e chegou até aqui.

Assim, as diferenças deles têm sido uma bênção para você. A intolerância e a teimosia deixam de fazer parte de você. Acabam-se as brigas e as discussões. Daí, para estender a toda humanidade, é um pulinho.

Cada filosofia, cada religião, cada governo, cada raça, cada classe social, cada povo, cada comportamento tem sua razão de ser e de existir daquela forma, e você vai ver com os olhos da alma que tudo isso é muito lindo e funcional.

Já pensou se a lei da unidade que consagra a individualidade prevalecesse no mundo? As guerras seriam as primeiras a se extinguirem. Fanatismo e radicalismo religioso passariam longe. Seria decretado o fim de qualquer tipo de preconceito e a fraternidade reinaria absoluta num planeta de paz e prosperidade.

Crença comum

"Eu queria ser como aquela pessoa. Quando me comparo a ela, percebo como estou atrasado, como sou inferior, como sou burro! Preciso seguir seu exemplo, só assim terei sucesso. Seria o ideal pra mim."

Lei da unidade

Não existe nada igual em todo o universo. Tudo é único. Você também é único.

Por isso você é incomparável. Burrice é a mesmice. Burrice é se comparar. Burrice é o ideal. O ideal serve pra quem idealizou. Toda ideologia só serve para quem a inventou.

Não existe o ideal, mas o individual. Só tem sucesso quem respeita e segue sua individualidade, seu jeito de ser, suas diferenças. Só tem sucesso quem é diferente, porque o espírito apoia o que é mais sagrado, que é sua individualidade.

Num rebanho de milhares de ovelhas brancas, se houver uma negra, essa vai ser o destaque. Seja a ovelha negra. Quando você respeita sua individualidade, naturalmente está sendo diferente. Ninguém serve de exemplo pra ninguém, porque o outro também é único.

Crença comum

"Mas a realidade é muito dura. A vida é muito difícil. Não dá pra ser feliz assim."

Lei da unidade

Não há apenas uma realidade. Há tantas realidades quantas pessoas houver no planeta. As realidades são únicas e individuais. Sua realidade é você quem faz de acordo com suas crenças.

A realidade que está aí é o somatório de todas as realidades individuais. Claro que ela é difícil e dura, porque é feita pelo somatório das crenças de todos, e o que mais tem por aí são pessoas acreditando em fantasias, em ilusões, em negatividade.

O resultado disso é um senso comum denso. Mas você não precisa necessariamente estar ligado ao senso comum. Mude suas crenças, mude seus pontos de vista, mude suas atitudes, que você deixa de pertencer à vala comum, sem deixar de conviver com essa realidade. Apenas vai usufruir as coisas boas que ela tem, mais as que você criar, e não vai sofrer as consequências da agressividade dela.

Crença comum

"Eu sou hétero e você é gay, por isso não pertencemos ao mesmo sexo."

Lei da unidade

Não confunda sexo com sexualidade. Sexos há apenas dois: masculino e feminino. Sexualidade, cada um tem a sua. Não há duas pessoas no planeta com a mesma sexualidade.

Sexualidade é individual. Não há, por exemplo, dois héteros com a mesma sexualidade, assim como não há dois gays.

Sua sexualidade é única, por isso aceite-a e a trate com carinho. Só assim você vai se dar bem sexual, afetiva, espiritual e socialmente.

Crença comum

"O amor, um bom relacionamento afetivo, é só para alguns que têm sorte."

Lei da unidade

Quando a pessoa tem afetividade consigo, seu padrão energético melhora, melhora o fluxo e atrai pessoas afetivas.

A vida a trata como ela se trata. O grande segredo do sucesso na afetividade e nos relacionamentos é darmos a nós mesmos aquilo que queremos que os outros nos deem, como carinho, amor, atenção, apoio, consideração, companhia etc. Assim, o padrão energético fica de qualidade e atrai pessoas de qualidade.

O que atrai ou repele as pessoas é o padrão energético. Todo mundo gosta de estar com uma pessoa nutritiva. A pessoa é nutritiva porque sua afetividade flui, e flui porque ela respeita sua individualidade e não exige que os outros sacrifiquem a deles para satisfazerem suas vontades.

Não há sorte, não há azar, não há coincidência, não há acaso. O que existe é a individualidade e como cada um está lidando com a sua.

SEGUNDA LEI

Lei da transformação: TUDO MUDA

Nada é estático no universo. Nada é constante no universo. A única constante é a lei. Tudo se transforma, tudo é movimento, tudo é sempre novo. Quer você queira quer não, tudo vai mudar na sua vida, seja bom o momento ou seja ruim. Tudo é momentâneo, tudo é circunstancial.

"Ah, eu não quero fazer nada na vida." Mesmo que você tenha condições de não precisar fazer nada, não vai conseguir, pois o nada também muda. Na superfície pode parecer que tudo está parado, mas por baixo as coisas estão acontecendo, se transformando, mudando.

Se tudo é único e tudo muda, o que passou passou. Sinto muito, mas aquele momento maravilhoso que você teve foi único e não vai se repetir. Aquele sofrimento não vai mais acontecer daquela forma. Poderá ser semelhante, se você não mudar suas crenças e atitudes, mas não será igual.

O que isso quer dizer? Que o novo sempre vem, que o passado já era, que o passado virou ilusão. Por isso o lamento faz tão mal. Quem canta seus males espanta e quem lamenta seus males aumenta.

E por essa razão a saudade é tão prejudicial. Ter uma boa lembrança de momentos da infância ou da juventude, beleza. Você se sente bem, conta para os outros e até ri.

Mas ficar sofrendo de saudade? Ficar se lamentando daquilo que ocorreu? Sabe aquela pessoa que adora contar um drama por que passou? Quem gosta de ficar enaltecendo o passado está preso lá. E quem está preso não vai pra frente. Assim, o presente, que é real, onde podemos realmente transformar, construir algo positivo, é anulado, e o futuro, que depende do presente, estará comprometido.

Tudo muda. Você já não é mais o mesmo de um minuto atrás. O universo todo é só movimento. A Terra tem diversos movimentos. Embora pareça estar parada, gira em torno do seu próprio eixo, dando origem ao dia e à noite. Ela gira em torno do sol, originando o ano, inclina-se seis meses para a direita, seis meses para a esquerda, ocasionando as quatro estações do ano e, ao mesmo tempo, segue junto com o sistema solar numa velocidade incrível ao redor do centro da Via Láctea e esta, por sua vez, é atraída por uma força maior, e assim por diante.

Além disso, há os movimentos internos de suas placas tectônicas. Como tudo isso é maravilhoso! E pensar que muitos acreditam que tudo é obra do acaso, como se não houvesse uma sabedoria regendo esse espetáculo... Como pode ser obra do acaso um botão de rosa se abrindo?

Se tudo muda, a memória é uma ilusão. O que você guardou de ruim ou de bom da infância não conta mais nada, a não ser que fique alimentando aquilo com o lamento, aí conta para o pior. Você guardou o fato com a cabeça que tinha na ocasião, nas circunstâncias que havia na época.

Hoje, porém, sua cabeça é outra, as circunstâncias são outras e nada daquilo existe mais, a não ser na sua memória, como num arquivo de computador, tomando o espaço destinado a novos projetos. Mande tudo isso para a lixeira e delete também o que estiver na lixeira. Esvazie a memória para dar espaço ao novo.

Já imaginou uma empresa que não aderir às mudanças tecnológicas ou não se adaptar às mudanças do mercado? Vai ficar obsoleta, fatalmente perderá para a concorrência e a falência será inevitável.

Você quer guardar alguma coisa do passado? Ora, guarde só as fotografias, que é para de vez em quando se reunir com as amigas e morrer de rir das roupas, dos cabelos, de como você era magra.

"Ah, eu queria ter vinte anos com a cabeça que tenho hoje. Quanta besteira eu deixaria de fazer! Quanta coisa aproveitaria mais! Quanta oportunidade não deixaria passar!" Só que você não tinha a cabeça que tem hoje.

A cabeça que você tinha na época era para ser exatamente aquela que foi. Tudo que você fez ou deixou de fazer foi perfeito. Você fez o que sabia. Não era para ser diferente. Então, é insensatez ficar se lamentando, pois, por se tratar de uma ilusão, prejudica o presente e, consequentemente, seu avanço.

Há um motivo para você querer repetir. É para se sentir seguro. Quando se conhece o terreno em que se está pisando, há mais segurança. Na verdade é uma falsa segurança, porque o terreno já não é mais o mesmo. Então, vai repetir e vai se dar mal porque vem a desilusão.

Perceba a grande variabilidade, a grande diversidade da vida, e você quer repetir? Não quer mudar? Tem gente que muda para melhorar e tem gente que não muda para não piorar. A situação não está boa, mas é melhor não mexer porque pode piorar. Em qual dos casos você se encaixa?

"Ah, quero tanto melhorar minha vida!" Aí a vida lhe impõe uma mudança inesperada e você reclama. Por exemplo, você tem um trabalho de que não gosta muito, recebe pouco e deseja muito outro melhor. Num belo dia, vem seu chefe e diz: "Olha, a empresa está se reestruturando, cortando gastos... Precisamos dispensar alguns funcionários, e você está nessa lista".

É claro que você vai se chocar, reclamar, brigar e até dizer que vai atrás dos seus direitos. Ora, a vida só está fazendo o que você está pedindo, já que não toma a iniciativa de mudar para melhorar. O acomodado, o avesso a mudanças sempre vai ter uma vida medíocre.

Outra grande ilusão é querer planejar o futuro. Isso é tão ilusório quanto viver do passado. Hoje você tem uma cabeça, no próximo mês não será mais a mesma.

Pergunte às pessoas que já viveram grande parte da vida se o que são, se o que fazem está de acordo com o que planejaram na juventude.

A visão de futuro que tinham, quando ele chega, pode até ser semelhante, mas muita coisa vai ser diferente porque houve interferências no arbítrio durante o processo ao longo da vida.

Quando percebemos que é assim que funciona, que tudo é único, que tudo muda, não vamos mais nos segurar em nada nem em ninguém. Desapego não é dispor de bens materiais. Desapego é não se prender a ideias, a nada, a ninguém.

Quem se apega fica parado, preso e não progride em nenhuma área da vida. O conceito de apego que as pessoas têm está equivocado.

> *Sucede, portanto, que você não pode ser levado para cá e para lá e acreditar no pensamento. O pensamento vive de ideias e imagens. Você não é uma ideia nem uma imagem.*
>
> *Desapego é a faculdade de não se prender às ideias, não tem nada a ver com a utilização de bens materiais. Sem dúvida, é preciso ter bom senso para lidar com as posses materiais para que elas não o dominem. Porém, não é o fato de ter posses*

que caracteriza o apego, mas o fato de estar preso ao mental da coletividade, ao mental inferior, onde ressoam muitas crenças de pessoas segundo as quais a materialidade é tudo, desconsiderando a existência do espiritual.

Desapego é a faculdade de mudar a frequência do aparelho mental, mental inferior para o Mental Superior. Por exemplo, quantas vezes não lhe ocorreu de estar sintonizado numa frequência baixa, sentindo tristeza, desânimo, e ao ouvir uma notícia boa, imediatamente ficou alegre? A alegria é a sintonia da frequência da Alma. O desânimo e a tristeza são decorrentes de pensamentos, ideias características do mental inferior, onde abundam as ilusões.

Apegada é a pessoa que está dominada pelo senso comum, pela mente coletiva, pelo mental inferior, como por exemplo a que cultiva as seguintes ideias: só o que conta é o material; sou mulher, portanto posso isso, não posso aquilo; isso é imoral, aquilo não; sou pai, por isso devo proceder assim; sou casado, por isso não posso isso, aquilo; sou empresário, por isso tenho que me comportar assim, assim; sou religioso, por isso devo e não devo fazer isso, aquilo.

Tudo são ideias, pensamentos. Mesmo você. Se perguntarem quem você é, vai dizer um monte de pensamentos a seu respeito: sou isso porque faço isso, nasci em tal família, estudei aquilo, trabalho lá, tenho tal religião etc. etc. Você acha que tem um elo com o que faz, com o que foi, com a família, com o trabalho. É tudo ilusão.[4]

Quando você estiver num momento bom, curta aquilo intensamente, porque vai mudar. Quando estiver passando por um momento ruim, relaxe, porque aquilo também vai mudar. Logo, querer controlar é pura falta de bom senso, pois como é possível controlar algo que, com certeza, vai mudar?

Então largue, relaxe. Largue o passado para não sofrer de angústia. Largue o futuro para não ter ansiedade. Tudo isso interfere negativamente no presente e atrapalha o processo de materialização daquilo que você tanto deseja. O passado é coisa da mente que atrapalha o espírito a agir.

O espírito só entra em ação no processo de materialização quando a mente não interfere. Espírito e mente não ocupam o mesmo espaço. Os dois não se misturam. Ou é um ou é outro.

---
[4] Idem.

O espírito sempre obedece. Como ele é sutil, sempre cede espaço para algo mais denso.

É como a água e a pedra. Dessa forma, largue, ceda, não resista, para que seu espírito possa agir.

Se tudo se transforma, se tudo muda, qual a razão de você se apegar a alguém, a algo, aos fatos, às ideias? Não faz nenhum sentido, não é mesmo? Apego é só uma ilusão na sua fantasia. É querer tornar sua uma coisa que não é.

O mesmo ocorre com a memória. A gente guarda aquilo como viu e não a situação como realmente foi, mas isso é só uma fotografia do que passou. O que passou mesmo, ninguém pode guardar. Tudo foi uma representação do mundo que você fez na sua cabeça. Nada daquilo são coisas do mundo. Você não tem nada, senão aquilo que está dentro de você.

Quando a gente gosta de alguém ou de algo, é a alma de verdade gostando desse alguém ou de alguma coisa. A alma sente um fenômeno de identificação. Eu sou a coisa e a coisa sou eu, de tão familiar que é o sentimento de gostar, o sentimento do amor. É tão familiar que a alma acha que é a coisa.

Então, ela sente que tem ou faz todo o esforço para ter, mas como não tem, como isso não é possível, porque tudo passa, tudo é independente, a gente tem sempre uma grande desilusão.

Desse modo, não confunda o sentimento de empatia com o objeto ou a pessoa amada, com posse. Você só tem o sentimento, a empatia. Você não pode nem nunca poderá ter nada.

Todas as coisas materiais que você usufrui são temporárias, porque tudo se decompõe, tudo se transforma, ainda mais com a aceleração da tecnologia. Na hora está aqui, tem seu valor e você usufrui. Você não tem esse aparelho que toca música. Você tem o uso dele até o dia em que o aparelho não for mais utilizável. Aí acabou. Só fica o resto do sabor, e este também acaba.

O que fica? Ficam as transformações que o sabor lhe fez. Você ficou mais suave por causa da música, você desenvolveu sensibilidade, desenvolveu aspectos do seu espírito. Há um acréscimo de habilidades. Essas habilidades você tem. Como as desenvolveu, não tem nem mesmo memória, pois ela fica corrompida e perdida, porque tudo passa. A consciência só tem consistência no aqui e agora, depois ela dissolve deixando o espaço para o novo.

Nunca mais seremos os mesmos. Não há jeito de voltar, de segurar. Por isso na filosofia chinesa se diz que, se você quiser ter alguma coisa, você tem que soltar, porque tudo que você quer segurar, você não tem. É como o ar na mão. Se você quiser pegá-lo, ele vai embora. Agora, se você o libera e abre a mão, ela se enche de ar.

Quando a pessoa começa a entrar nessa singularidade da vida que é para todos, ela pode, se tiver inteligência, dizer: "Olha, eu tenho um filho, eu dei à luz, eu o criei, mas não o possuo. Eu possuo o sentimento por ele, pelo tempo de convívio, porque ele vai mudar e eu também. Ele vai morrer e eu também. Talvez a gente nunca mais se encontre. Enquanto eu tiver uma reencarnação, ele poderá ter três, ou até reencarnar como mulher para desenvolver certas habilidades e, quando a gente se encontrar, eu nem vou mais reconhecê-lo como filho, porque não posso me apegar a uma imagem".

Essa é uma atitude lúcida de desapego, pois ninguém é filho de ninguém, e ninguém é de ninguém. Tudo é passageiro e circunstancial. Todos somos apenas companheiros de jornada.

Se alguém estiver sozinho, tem problema. Se não estiver, também tem. Você quer pegar, segurar para ter segurança. Não vai ter porque você não está na lei. Tudo muda e você quer segurar. Porém, tem o lado bom disso: seja qual for a sua dor, saiba que vai acabar, que vai se transformar.

"Ah, mas pode ficar pior." Não. Geralmente vai para o melhor. A função disciplinar da dor acaba, transforma você, então ela deixa de existir. As coisas boas também. Elas fazem as coisas que precisam fazer em você e somem. Aquela alegria, o amor por alguém vão embora, porque você se enjoa daquilo, pois a mesmice deixa tudo muito igual. Somem pelo fato de não haver mais diferenças, contrastes. Vem a indiferença, um se cansa do outro e o amor vai embora, a menos que seja uma coisa movimentada. Se for um casal dinâmico, que tem uma coisa viva um com o outro, o amor continua.

A lei é o agora. Quanto mais sua mente estrutura seu funcionamento dentro da lei, mais sábio você se torna, mais poderoso, mais firme e mais forte para fazer o que você quer. Essa é a evolução. Quanto mais desapegado você for, mais amoroso, mais generoso você se torna.

Amor é uma coisa de dentro para fora: "Ai, como eu gosto!". Você gosta por gostar, porque o gostar já está na sua alma. É espontâneo. O gostar não depende de nada exterior a você. "Ai, eu gosto de gostar!"

Ao se prender aos fatos, às pessoas, às ideias, você está impedindo seu espírito de realizar aquilo que você quer. Você sai da lei do destino, qual seja, que há um propósito divino em cada um, pleno de realizações. Então, deixe ir, deixe passar. Aquelas circunstâncias não existem mais. São tão-somente uma interpretação sua.

A realidade está fluindo de acordo com as pessoas e as crenças delas, nas pessoas em grupos afinizados, como na família, numa cidade, num país. As afinidades constroem uma realidade que faz as pessoas se unirem a ela desta ou daquela maneira.

Aí você chega de fora e olha: "Nossa! como é a situação aqui dentro! Puxa vida! A coisa tem que ser assim porque isso, porque aquilo, senão...". E aquela comunidade vai até exigir que você respeite aquilo. No entanto, você pode chegar lá e falar: "Tá, mas isso aqui não é comigo, não". Você não se afiniza, você não entra naquilo.

Se no seu espírito estiver para ser aquele lugar, você muda tudo lá. Você é o único lá que, você é o primeiro que. Isso é porque você estará agindo na sua coisa e não no reflexo, e será capaz, dependendo do nível de influência das pessoas, de mudá-las. Umas são mais influenciáveis, outras menos, porque são reflexo e não fonte. Elas refletem, como espelho, certas condições de algumas impressões fortes daquela comunidade. Elas não têm independência de pensar por si. Essas pessoas você muda. Agora, se tiver gente aí convicta de suas coisas, que é muito si mesma, você não se afiniza e deixa pra lá.

Na Terra, em que todo mundo é fruto do coletivo, poucos são os que têm força de ser originais, de ser si mesmos. Então, se você se projetar e começar a ficar muito firme na sua verdade: "Não, não, não! Tá tudo errado isso aí", quando vê, você já mudou tudo. Ainda mais hoje, que é tudo mais rápido.

Se antigamente, que era tão devagar, a filosofia, o discurso mudava os pontos de vista, hoje, então, a mudança é muito mais fácil.

Nós somos os autores. Quem estiver preso às circunstâncias vai ficar preso porque acredita nisso e vai viver isso. Mas aquele que diz: "Ah, é pura bobagem! É por aqui, ó. Não tô nem aí. O povo fala e eu não tô nem aí", ganha e se destaca. Ele tem uma fundamentação, tem uma maneira própria de fazer e vai embora.

O mundo é dos fortes. Forte não é aquele que sabe dar porrada. Forte é aquele que tem capacidade de bancar e tem firmeza. Quem é assim escreve seu destino. Tem dinheiro, amor, saúde, realizações. Quem está por baixo, submisso, dança.

Toda transformação ocorre em ciclos. Como tudo é periódico, os ciclos são evolutivos, como se fossem círculos superpostos que não se encontram, como numa espiral. A transformação é que faz os ciclos. Ela impulsiona para as desigualdades. Por isso o clima mudou. O ciclo é outro. Vai mudar, nunca vai se repetir. Esse ciclo parece que é igual, mas nunca é, é só semelhante.

As transformações seguem. Você está se transformando. Por isso, se você quer que as transformações fluam com graça, com leveza, com prazer, e que se desenvolvam, não tente mudar. Quando você tenta mudar, você atrapalha o fluxo natural. Tudo que é forçado emperra. As mudanças vêm naturalmente.

Se, por um lado, a diferença pode prevalecer, por outro, nossa tentativa é de permanecer. A gente quer permanecer para se sentir seguro. A gente não quer que nada mude para ficar seguro, mas é uma falsa segurança. Segurança é caminhar com as mudanças.

Quer ficar seguro? Caminhe com as mudanças. Jamais se prenda a nada, jamais fique demais com uma ideia, jamais fique demais com uma pessoa, a não ser que esteja ganhando. Varie. Você pode gostar e viver com certa frequência, mas varie. Flua com os instintos. Flua com o novo. Quanto mais você permitir ver tudo novo, mais você vai fluir com suavidade nas transformações. Isso significa juventude.

A juventude pode estar num idoso, naquele que tem uma aparência fabulosamente jovem, que tem disposição, um mecanismo físico em ordem, uma saúde que não precisa de cuidados médicos. Esse tipo de indivíduo, embora tenha sofrido as transformações da matéria, sofreu-as com suavidade.

"Ah, o que você come, que parece tão jovem com essa idade? É sua genética?" Não, nada disso. Nem a genética, nem a comida. O povo adora fugir para isso. Não é a comida, não é se fumou ou não fumou, se comeu ou não comeu, se bebeu ou não bebeu, se é vegetariano ou não.

Há idosos com 90, 100, 105 anos que continuam fumando e permanecem inteiraços. O que é isso? É a juventude. O que é juventude? Não é ser jovenzinho, ter pouca idade. "Ah, a pessoa tem pouca idade, tem poucos anos de reencarnação." Não. Isso é um conceito biológico, mas o conceito verdadeiro de juventude é a capacidade de se transformar, de seguir as transformações com tal abertura e leveza, que se renova constantemente.

O que falta nesses idosos que estão doentes é motivação, é dança, é ação, é alegria, é interesse, é largar o que acreditaram e começar a aprender tudo de novo. Uma nova paixão é extraordinária, um novo interesse, nem que seja pelos gatos, rejuvenesce. "Ah, eu sempre quis pintar, agora vou pintar."

Portanto, tudo que a pessoa experimenta de novo a mantém fluindo com suavidade. Fluir no tempo com suavidade é juventude interna, e o interior reflete no exterior. Quando alguém morre e vai para o astral num bagaço por causa da vida que teve, chegando lá com lucidez, melhora. A transformação que a morte produz é sempre uma experiência que ajuda muito a se renovar. Por quê?

Porque tem que largar tudo, tem que repensar uma série de dúvidas porque a vida continua. Tudo da matéria acaba, pelo menos temporariamente, porque depois é preciso voltar, mas tudo bem, ele se renovou. Por isso tem que reencarnar, morrer, reencarnar, morrer. Então, a pessoa vai se renovando, senão o espírito vai se apagando.

Dessa forma, a gente sente que o melhor é fluir com as mudanças. Quem flui com as mudanças não tem dificuldade em dizer adeus. A pessoa que termina algo, como uma escola, uma viagem, um emprego, um relacionamento, e não fica se lamentando, essa vai. Não faz história, já parte para outra coisa nova.

Por outro lado, aquela que fica encalhada vai se cansando, vai se deformando, envelhecendo e perdendo a aparência jovem. O povo não gosta do novo. Gosta de novidade que não mexa com ele, porque distrai, mas mudar sua rotina, não. É como o cachorro que gosta daquele cantinho dele. Vai lá mexer com ele...

Só se dá bem na vida quem segue o exemplo dela, qual seja, a constante renovação, a constante transformação, a apreciação do novo, pois a vida abomina a mesmice, e quem não estiver de acordo com ela está contra. A mesmice é amiga da indiferença, que anula os contrastes, e sem contrastes não há consciência, não há vida.

Crença comum

"Como me arrependo de ter feito aquilo! Se pudesse voltar no passado, faria tudo diferente."

Lei da transformação

Tudo se transforma no universo. Não há nada estático, mas as pessoas insistem em segurar um passado que já virou ilusão, o qual as impede de progredir na vida, porque aquilo fica lá tomando espaço para o novo se estabelecer. Não há como voltar ao passado para refazer o que foi feito.

Vamos supor que houvesse essa possibilidade. Não iria adiantar nada porque fariam tudo da mesma forma, pois voltariam com a mesma cabeça e as mesmas crenças e fariam as mesmas escolhas. Então, o jeito é largar o passado pra lá, mesmo porque, segundo a lei da perfeição, tudo que foi feito foi perfeito.

Crença comum

"Me preocupo demais com o futuro. Quero proporcionar a meus filhos uma vida mais tranquila que a minha para que não tenham tantas preocupações."

Lei da transformação

Preocupar-se com o futuro faz tão mal quanto ficar ligado no passado. O espaço no subconsciente que a pessoa precisa para plantar o novo e edificar um bom presente, e assim ter um futuro melhor, é tomado por essas crenças ilusórias de que o futuro precisa ser garantido hoje.

Há uma crença negativa aí de que o futuro não vai ser bom, por isso é preciso garanti-lo já. A pessoa vive no futuro, prejudicando o presente. Nada é garantido pela sua mente. Não são os pais que vão garantir o futuro dos filhos. Os filhos terão o futuro deles de acordo com as crenças e escolhas deles.

Tudo muda, tudo se transforma, porque o arbítrio, as escolhas mudam a todo instante e são elas que vão moldar o futuro. A atitude tem que ser exatamente o contrário se a pessoa quiser ter um futuro melhor que o presente. É viver no aqui e agora, sentir o presente e não se *pré-ocupar*.

Dessa forma, o presente fica bom e o futuro também ficará bom. É preciso deixar o futuro nas mãos do espírito e confiar, porque o espírito, esse sim, garante tudo, já que ele tem todas as respostas e todas as soluções.

Crença comum

"Não gosto de mudanças. O novo me deixa inseguro."

Lei da transformação

A pessoa que tem esse tipo de atitude, que no fundo é uma crença muito negativa, não tem o direito de esperar nada de bom da vida. É uma adepta da mesmice, do conformismo. Essa sensação de segurança é totalmente falsa, ilusória. Ela não sabe, mas já está desistindo de viver.

A visita do tédio não demora, depois vem o sentimento de inutilidade, em seguida a depressão, e vai precisar compensar com psicotrópicos. Ela fica de frente contra a lei da transformação, em que nada é estático, tudo muda, tudo se transforma e o novo sempre vem. É uma verdadeira estátua.

As pessoas costumam fazer cursos, exercícios, mentalizações para prosperar, mas quando a vida lhes impõe uma mudança, muitas vezes até radical, ficam revoltadas. Ora, quem pediu para a vida para mudar a situação não foram elas?

A vida só segue o que a gente manda. Só se sente seguro quem se adapta ao novo, às mudanças, porque o espírito é um eterno insatisfeito. Ele sempre quer o melhor do melhor do melhor. E para melhorar é preciso mudar.

Crença comum

"Sou uma pessoa apegada às coisas, aos meus filhos, à minha família. Eu não queria ser tão apegada assim."

Lei da transformação

Quando tomamos consciência de que nada é estático, de que tudo muda e se transforma, de que tudo é único, não vamos mais nos segurar em nada, nem em ninguém.

No entanto, as pessoas têm um conceito equivocado sobre o desapego. Desapego não é dispor de bens materiais, dispor de companhias agradáveis, de coisas prazerosas da vida, do conforto. Aliás, ter tudo isso é um sinal de prosperidade.

Desapego é não se prender a ideias, a nada, a ninguém. Quem se apega fica parado, preso, e não progride em nenhuma área da vida, já que tudo muda. Desapego é a faculdade de não se prender às ideias. O pensamento vive de ideias e imagens. O ser humano não é uma ideia nem uma imagem.

Desapego não tem nada a ver com a posse e o manejo de bens materiais. Sem dúvida, é preciso ter bom senso para lidar com as posses para que elas não dominem a gente.

Não é o fato de ter posses que caracteriza o apego, mas o fato de estar preso ao mental da coletividade, o mental inferior, onde ressoam muitas crenças de pessoas, segundo as quais a materialidade é tudo, desconsiderando a existência do espiritual.

O apego se caracteriza pela submissão da pessoa à mente coletiva, como a que cultiva as seguintes ideias: "só o que conta é o material; sou mulher, portanto posso isso, não posso aquilo; isso é imoral, aquilo não; sou pai, por isso devo proceder assim; sou casado, por isso não posso isso, aquilo".

Tudo são ideias, pensamentos. Se perguntarem às pessoas quem elas são, vão dizer um monte de pensamentos a respeito delas mesmas:

"Sou isso porque faço isso, nasci em tal família, estudei aquilo, trabalho lá, tenho tal religião". Acham que têm um elo com o que fazem, com o que foram, com a família, com o trabalho, mas é tudo ilusão.

TERCEIRA LEI

Lei da evolução: TUDO EVOLUI

Tudo muda, mas não muda simplesmente por mudar. Há uma inteligência nesse processo de mudança. Muda para evoluir. Tudo evolui. Tudo segue o trajeto do universo que se expande.

Da grande explosão inicial de uma partícula infinitamente concentrada, ocorrida há cerca de 13,7 bilhões de anos, temos o universo de hoje, que continua se expandindo, se transformando e evoluindo.

Assim, tudo segue esse caminho: do simples para o complexo, do caótico para o organizado, do pior para o melhor, do ignorante para o sábio, do atrasado para o avançado, do impotente para o poderoso, da criança ao adulto, do bruto para o polido.

A consciência de cada um, nas experiências cotidianas, vai se expandindo, e quanto mais expandida, mais evoluída será. Sua vida atual é melhor que todas as anteriores. Então, o mundo vai estar melhor daqui a cem anos? Com certeza absoluta.

Muitos argumentam que o mundo está mais violento hoje do que nos tempos de seus avós. Está nada. Está muitíssimo mais calmo se considerarmos proporcionalmente os números da violência com o número de habitantes do planeta daquela época e de agora.

O fato é que hoje a mídia escancara cada crime que acontece na esquina. Hoje você assiste a uma guerra em tempo real. Desligue a televisão por um mês e você vai sintonizar um mundo de paz.

Antigamente, uma simples gripe dizimava milhões de pessoas porque não havia antibióticos. Isso também é violência. Hoje a vacina contra a poliomielite evita a deficiência física de milhões de pessoas. Se a informática tirou o emprego de milhares de pessoas, por outro lado proporcionou milhões de oportunidades para outras.

Nossa consciência também segue esse trajeto: do latente primitivo e obtuso para o sofisticado, para as qualidades, para as virtudes, para o brilho, para a genialidade, para o iluminado. Quer queira quer não, você vai melhorar. Portanto, não importa o caminho que você faça nem o jeito como você vai, você vai melhorar.

"Ah, mas não é bem assim que acontece com a maioria das pessoas, pois acabam tendo uma velhice sofrida e morrem bem pior que no auge da idade." Mas, quem disse que a morte é o fim? Se a melhora não vem durante a vida, por conta das crenças que a pessoa cultiva, virá no astral, e se não melhorar no astral, melhora na próxima vida.

A vida é um processo contínuo. Tudo continua. A morte não vem ao caso. É apenas um acidente de percurso, como um casamento, uma formatura, uma viagem, uma perda de emprego. A morte simplesmente provoca uma mudança de rotina. Há muitas pessoas com a cabeça boa que morrem na velhice com um padrão de vida bem melhor que no auge da idade.

Não existe erro. A gente só faz o que sabe. Você nunca errou. Hoje você faz diferente porque aprendeu com o "erro". Todo "erro" é capitalizado para a evolução, para o sucesso da pessoa.

Do ponto de vista cósmico, tudo conta, tudo faz parte do processo. Ninguém salva ninguém. Nenhuma religião salva ninguém porque ninguém está perdido. Ninguém se perde. Está onde precisa estar, no seu caminho, no seu jeito, de acordo com o grau de consciência, de evolução dele.

Mesmo porque, cada um é único e vai com seu jeito único. Você só vai do seu jeito, e não como o outro, bem-sucedido, foi, ou como a religião diz que é para ir. Siga o seu caminho, no seu momento, nas suas coisas.

A individualidade é sagrada no universo. Portanto, seja diferente, seja a ovelha negra, a ovelha desgarrada e não mais uma branquinha em meio a um rebanho de milhões tangidas por um pastor. Você não precisa de pastor. O pastor só sabe o que é bom para ele. Você é seu próprio guia. Só o diferente aparece. Só o diferente se destaca e tem sucesso. Você não é uma ovelha comum.

Evoluir é tomar consciência do que já é. É descobrir. Tirar o que cobre, e o que cobre simplesmente é a ignorância. Não é assim quando você descobre uma verdade? "Nossa! Isso me soa tão familiar..." Você tem a clara sensação de que aquilo estava escondido, não é? Por isso que a melhor orientação é pela alma, porque ela sabe tudo e mostra o que é para você.

Não adianta se agarrar no que dizem por aí. O que é para você só será para você. Já está escrito em você. Então, relaxe. Só vai ser o que já é, mas que ainda não emergiu.

Pare de brigar com você porque acha que o outro está melhorando e você não. Respeite seu jeito, seu momento. O outro está no caminho dele, que também é único. Seu caminho jamais será igual ao do outro.

Quando você se compara e quer fazer do jeito do outro, está fantasiando e indo contra a lei da vida segundo a qual tudo é único. Pare de se comparar, pare de exigir de você o que não é seu. Isso é se amar. Isso é ser seu melhor amigo.

Faça o que fizer de errado, está certo e você vai melhorar, evoluir. É a lei. Você não vai perder aquilo que fez de errado. Apenas vai transformá-lo em algo melhor. É assim o processo de expansão da consciência.

A única coisa que é inevitável na vida é a lei. Todo o resto é relativo. Os amigos espirituais dizem com frequência que tudo já é, que nada pode ser novidade para nós. A gente apenas está descobrindo as coisas aos poucos. Tudo já é porque muitas pessoas, muitas entidades, como os anjos, já passaram por aqui e fizeram as coisas bem antes de a gente acordar do seio divino.

O que é novo é o modo como a gente capta aquilo e como a gente lida com aquilo, porque cada um é uma individualidade. O caminho é novo, mas já vieram inteligências avançadas trabalhando pelo processo. Claro que essas inteligências sabem mais ou menos no que você vai dar, mas não sabem os detalhes que são surpreendentes no conteúdo de cada entidade, de cada ser. De repente, há reações admiráveis que são surpresas divinas.

Certamente, no acomodar e ajudar as coisas a seguir, essas mentes avançadas têm a inteligência de proporcionar, de ter uma perspectiva, mas há sempre o novo, porque ao mesmo tempo em que tudo é descoberto, Deus não para de criar. A fonte não para de verter, não para de crescer, não para de evoluir.

Quando se observa a criação, ela é sistemática. Ela explora quase todas as possibilidades que existem em cada pequeno setor e depois, ao combinar umas com as outras, surgem infinitas possibilidades.

Deus é infinito e as possibilidades são infinitas. A gente pode conhecer as leis em certos níveis, porém as experiências da união disso com aquilo resultam em infinitas combinações.

O novo existe, mas quando criamos uma coisa nova, a consciência divina já sabia que era possível, senão não conseguiríamos criá-la.

Isso quer dizer que tudo já é em Deus, mas nós vamos descobrindo no processo evolutivo. Para nós é novidade, mas Deus já sabia.

Se você pegar as coisas e combinar, não há combinação igual no universo. Só você combina assim e, quando você faz, é Ele fazendo isso, fazendo aquilo. Então, em última análise, você é só o agente. Enquanto pensamos em termos de existente e não existente, Deus não, porque Ele é tudo que já existe e sempre existiu. Não tem o novo e o velho. Não existe o tempo. O tempo é apenas uma experiência da criação humana. As coisas opostas estão juntas.

A mente humana é linear, enquanto Deus é multidimensional. Assim, na nossa perspectiva, estamos descobrindo. Mesmo no Big Bang, tudo já era.

Quer evoluir mais rápido? Viva no aqui e agora. Curta o aqui e agora. Goste porque goste. Quem não curtir uma rosa não terá um jardim. Quanto mais tempo ficar curtindo aquilo, mais você ficará positivo e mais as coisas acontecerão.

O domínio dos seus poderes é que faz a evolução. A atenção, a importância, as forças, o controle da impressão e a sugestão podem curar ou provocar a doença e a carência, dependendo de como são utilizados.

Por falar em evolução, imediatamente vem à mente a evolução das espécies, segundo a Ciência, mais especificamente a evolução do ser humano. E a pergunta que emerge é: o homem veio do macaco?

Não. O homem veio do mesmo ser que originou o macaco. Ambos têm uma origem comum, de um animal que evoluiu, mas em determinado instante os macacos seguiram um caminho e os humanos seguiram outro. Se não fosse assim, o macaco atual poderia evoluir e se tornar humano, mas isso nunca vai ocorrer.

De tempos em tempos, os anjos construtores da Terra interferem na genética para fazerem mutações apropriadas aos tipos de seres que eles querem que venham de outros planetas ou da terra mais avançada para cá.

Eles pegam as espécies que são mais hábeis para fazerem as mutações e mudam, e dessas mutações começam a surgir novas vertentes. Tudo teve a mesma origem, mas ao longo da evolução os seres vivos foram sendo operacionalizados pelos donos da Terra, e continuam sendo, de acordo com seus propósitos.

Foi dessa forma que eles trouxeram as plantas de outros lugares do universo. Elas tiveram que se adaptar às condições do planeta. Elas influenciam as condições e as condições as influenciam.

Diante disso, as entidades observam se determinada planta tem sucesso ecológico ou não. Se não tiver, elas alteram algo na sua genética para ir aperfeiçoando-a, e assim vão observando como a planta, com a nova estrutura, vai se desenvolvendo e o que se pode fazer para melhorar a espécie.

Foi assim com o ser humano. Chegou uma hora em que havia uma capacidade evoluída de um ser aqui que era muito apropriada para fazer as transformações nele e em seus descendentes. Aí, nesses animais, se percebeu uma estrutura viável que possibilitou aos seres inteligentes se aproximarem, tendo, inclusive, perispírito para isso.

No entanto, para ligar o perispírito, foram necessárias algumas mutações. De repente, ele se ligou ao corpo físico. Foi quando a humanidade deu um salto, o homem saiu do bicho que era e se tornou o *Homo sapiens* que dominou o mundo.

Esse foi um dos estágios. Depois houve outros e, conforme foi acontecendo a evolução, foram sendo trazidos outros seres mais evoluídos de outros planetas para encarnarem e, ao longo da encarnação, começaram a explodir as habilidades que estavam recalcadas. Daí a pedra com pedra, dando origem ao fogo, as armas de caça, a roda e tudo aquilo que sabemos do processo evolutivo do homem.

Foi assim ao longo de toda a história e continua sendo. Depois, se algum povo não for mais apropriado para ficar aqui, ele deixa o planeta e vem outro grupo mais avançado. Novas mudanças genéticas se fazem necessárias para haver o encaixe, e assim segue o processo evolutivo.

Somos todos ETs. Foi dessa maneira que desapareceram tantas raças, como os sumérios, os egípcios e alguns povos indígenas. Os que não se transformaram e não se adaptaram aos novos propósitos dos criadores da Terra tiveram que deixá-la, e migraram para outros planetas ou para outras dimensões. A Terra tem três dimensões físicas: uma em que a evolução ocorre muito lentamente, uma intermediária, que é a que habitamos, e outra acelerada, onde vibram seres mais evoluídos, e tudo acontece muito rápido. Cada Terra física tem seus astrais correspondentes.

Se um ser da Terra acelerada resolver espontaneamente encarnar na nossa Terra para desenvolver algo que ele considera necessário à sua evolução, ou à própria evolução do planeta, fatalmente será um líder, alguém que terá um domínio muito grande sobre os daqui e exercerá forte influência nas transformações da área que resolver explorar, tanto de modo espiritual como filosófico, tecnológico, científico, médico etc. O mesmo ocorre quando alguém daqui quer encarnar na Terra mais lenta.

Na ocasião do Big Bang, o mundo astral também não existia. Ele surgiu antes do mundo material. É o plano astral que molda o plano material.

No astral também se constroem cidades, as pessoas se organizam em sociedade, há estudos, ciências, artes e, como aqui, lá também tudo evolui. Dessa forma, o que existe no mundo físico já passou pelo astral, e tudo que é vivo aqui volta para o astral. Na verdade, nunca saiu do astral. Da matéria sim, do astral não, porque o fato de a gente encarnar não quer dizer que saiu do astral.

A matéria limita nossa mente e não percebemos o astral, mas quem está no astral percebe o material e percebe também que os dois planos não estão separados. É como você ir para a Europa, mas continua sendo brasileiro. Você não largou o Brasil. Quando você reencarna, você vai para uma viagem, mas não sai do astral, porque você fica nos dois. A diferença é que, quem está no astral não está nos dois, mas quem está na matéria está nos dois.

Nós estamos ao mesmo tempo no físico e no astral, por isso precisamos dormir. Toda vez que dormimos vamos para o mundo astral. É lá que repomos nossas energias, nos refazemos e voltamos, senão não aguentaríamos. A pessoa pode passar cinquenta dias sem comer que sobrevive, mas não sobrevive uma semana sem dormir.

O mundo físico é um estado peculiar, não é nosso estado natural. Quando chegarmos ao astral, iremos perceber que tudo é astral. É que a matéria tem um poder de sedução muito forte. Ela tem um poder de pressão tão denso, tão cheio de sensações, que dá a impressão de que estamos aqui. A gente está no astral com a impressão de que está só na matéria.

A matéria é só uma passagem. O habitat de todo mundo é o astral. A Terra física é só um adendo da Terra astral. Viemos para o mundo físico para facilitar o processo de evolução, porque aqui tudo é mais lento, menos dinâmico devido à densidade da matéria. Ou seja, a matéria existe para servir aos propósitos de contenção e disciplina. Sem nenhuma disciplina mental, a vida da pessoa no astral se torna um verdadeiro inferno.

A Terra está mudando. Chegou o momento de mudar, porque tudo evolui. A engenharia genética está mudando, a tecnologia está mudando. Tudo está mudando a fim de regenerar a Terra em outros moldes.

A partir do próximo século, as pessoas vão viver na água e na atmosfera, num mundo virtual, inclusive as casas serão lá. Se você quiser uma cadeira para se sentar, por exemplo, você a terá virtualmente e, com um toque, ela se solidificará. A solidificação é decorrente do processo de evolução dessas impressoras de três dimensões.

A Terra, nua, vai ser deixada para os seres vivos. As grandes cidades e construções de concreto vão deixar de existir para dar lugar a plantas, florestas, rios, animais. Ou seja, tudo será regenerado, trazendo saúde para o planeta, para os animais e para os seres humanos.

Se uma pessoa dormisse hoje e só acordasse daqui a 150, 200 anos, ela jamais reconheceria o mundo em que vivia. As mudanças serão tais que a Ciência de hoje sequer cogita vislumbrar como será nosso planeta.

A Terra, sendo mais pura, ficará mais acelerada, favorecendo os que aqui ficarão e outros seres mais evoluídos que pretendem viver aqui. Há uma demanda enorme desses seres que precisam de um local assim para conhecer e evoluir. Os que não conseguirem se adaptar às mudanças serão transferidos para outros planetas ou para a Terra mais densa. Sem dúvida, os que migrarem irão dominar os povos que lá estiverem, pois aqui é mais acelerado que lá.

Na verdade, quando começar esse processo de mudança mais acelerada, o ambiente físico necessariamente terá que ser modificado por completo para produzir alimentos para toda essa gente. Não serão mais necessários agrotóxicos, adubos de qualquer espécie e nem mesmo a água.

A tecnologia do futuro vai possibilitar explorar a poeira cósmica e a luz do sol com suas irradiações para estimular o crescimento dos vegetais. A poeira cósmica é muito rica, pois contém todas as substâncias e nutrientes de que as plantas precisam para se desenvolver. Um fragmento dela é o bastante para alimentar uma planta por semanas. Isso tudo já existe em outros mundos paralelos. Já é assim na Terra mais acelerada e em algumas regiões do astral, e o que estiver no astral fatalmente virá para o mundo físico.

Um questionamento recorrente que se ouve de pessoas que procuram a prosperidade, seja por meio de cursos, seja por meio de livros, e não conseguem evoluir em determinada área de sua vida que tanto desejam é: "Será que antes de encarnar, ou mesmo em outras vidas, eu não fiz uma espécie de contrato segundo o qual, faça eu o que fizer, nesta encarnação, não vou me tornar rico, ou não vou emagrecer, ou não vou curar tal doença, ou não vou ser feliz no amor, no intuito de desenvolver certas virtudes, certas faculdades ou habilidades, porque essa experiência me libertará mais e atenderá aos anseios do meu espírito?".

De acordo com o Calunga, decididamente a resposta é "não". Essa é uma crença muito limitadora. Não existe nenhuma espécie de contrato nesse sentido. Todo poder está no aqui e agora. O passado não pode de maneira alguma prevalecer sobre o presente.

Querer não é poder. Muita gente quer muito porque acredita que não vai ter. Quanto mais a pessoa acredita que não, mais ela quer. Quem quer muito é porque já tem um "não" aí dentro. Repare as pessoas que têm as coisas com facilidade. Elas não têm esse querer ansioso. Elas não fazem força para ter, porque creem que já são ou que já têm.

Por isso a filosofia chinesa prega o não desejo. Mais uma vez cabe aqui o exemplo do ar da mão. Se você quiser segurá-lo fechando a mão, ele escapa; se você abrir a mão, ela fica cheia de ar. Depois, do ponto de vista da espiritualidade, quando você crê que é para você, a coisa vem. Crer não é simplesmente dizer "eu creio", mas sentir no corpo que aquilo é para você. É estar convicto daquilo. Já está no plano divino.

Veja aí sua vida afetiva. Ela tem um "não é", aí não vai ter. Então, você espera, você gostaria, você procura fazer, mas aí dentro tem um "não".

Não sei como nasceu esse "não", mas nasceu e ficou. Não é que tem alguma coisa errada com você, e também não foi nenhum contrato preestabelecido. A Vida não está nem aí. Pode pedir para Deus, pode pedir para os guias que não adianta. É coisa sua, do seu poder de impressão.

Você se impressionou com algumas coisas a partir da infância e essa crença forte está aí e deu nisso. Você ficou alimentando lá no subconsciente que aquilo é uma verdade. Na sua cabeça, você fica desejando, "eu quero amar, quero querer, quero ser feliz, quero sexo, quero o amor, quero a companhia", tudo que é bonito na vida. Tudo bem. Normal.

Mas, no subconsciente tem um "não". Não só tem um "não" como você não conseguiu o que queria. E quanto menos você tem, mais você compensa no desejo, mais você compensa na busca, se desgasta e se arrebenta. E, caso aconteça alguma afeição por alguém, esse "não" atrapalha vinte e quatro horas por dia, até arrumar encrenca, e você não consegue ficar quieto num canto.

Portanto, quer que a coisa flua? Quer as realizações? Pare de querer tanto. Pare de esperar.

Pare de forçar. Pare de ficar na expectativa. Pare de se cobrar. Relaxe. Largue. Abra a mão para que ela se encha de ar. Enquanto você insiste, seu espírito deixa até você quebrar a cara. Quando você para, seu espírito, que tem todas as respostas e todas as soluções, começa a agir, já que ele é a ligação com o divino. Isso é evolução.

Crença comum

"Aquela pessoa fez isso, fez aquilo, por isso precisa pagar."

Lei da evolução

Não é errado errar. Todos só fazem o que sabem, no seu devido grau de evolução. Do ponto de vista da espiritualidade, não há erro, mas aprendizado. O que as pessoas chamam de erro, na verdade, é uma tentativa de acertar. Ela está tão-somente na ignorância.

Onde houver ignorância, haverá dor. A dor é o próprio estímulo para a pessoa sair da ignorância e não ter mais dor. Ninguém está pagando nada pra ninguém. Só está se exercitando pra sair da ignorância.

Diante da infinita sabedoria divina e do espírito, nós não passamos de criancinhas aprendendo as coisas. E também, diante da infinita generosidade e bondade divinas, Deus aplaude tudo que as pessoas fazem.

É como um bebê que está aprendendo a andar e cai. Os pais não vão bater nele porque ele errou. Ao contrário, vão aplaudi-lo, apoiá-lo e, se precisar, socorrê-lo. Ele está apenas tentando acertar. Os pais sabem que dentro de um mês ele estará andando.

Deus age da mesma forma conosco e não cobra de ninguém. E por que iria cobrar, se Ele sabe que mais pra frente todos melhorarão, ou seja, sairão da ignorância? O tombo do bebê é apenas um estímulo para ele aprender a andar de forma segura.

Crença comum

"É meu carma, fazer o quê?"

Lei da evolução

Não existe carma. Não existe faz, paga. Ninguém cobra nada de ninguém. É a própria pessoa que cobra de si, porque ainda não conhece a lei da individualidade, a lei da perfeição e a lei do crer. A pessoa está tão-somente colhendo os frutos de suas crenças e atitudes.

Cada um responde por seus atos. Cada um, junto com seu espírito, é cem por cento responsável por tudo de bom ou de ruim que acontece em sua vida. Responder significa ser responsável. É um ponto de vista totalmente diferente do carma.

No carma, a pessoa está pagando, por isso é tida como vítima. Na responsabilidade, ela está apenas respondendo, ou seja, ela é o agente. Como vítima não há muito o que fazer, como agente a pessoa detém o poder e, na medida em que ela muda suas crenças, os resultados são outros e, nessas experiências, ela evolui. Ou seja, no carma a pessoa é vítima, portanto o poder está fora dela.

Na autorresponsabilidade, a pessoa é o agente e, assim, detém o poder. No conceito de autorresponsabilidade, ninguém agride ninguém. São apenas companheiros de jornada tentando aprender e evoluir.

Em outras palavras, o "agressor" apenas vem dizer para o "agredido" o que ele está fazendo contra si e que está na hora de mudar suas crenças e atitudes para não atrair mais agressividade. Esta é uma visão libertadora, enquanto no carma a suposta vítima está presa na própria crença.

Crença comum

"Do jeito que as coisas vão, com tanta violência, não sei não, mas a vida dos nossos filhos e netos vai ser um caos."

Lei da evolução

Vai nada. Vai ser muito melhor que hoje. Proporcionalmente ao número de habitantes do planeta, o mundo está bem menos violento que nos tempos dos nossos avós. É que as pessoas adoram uma tragédia e ficam ligadas na mídia, vendo violência e as desgraças do povo.

Hoje, qualquer crime que acontece na periferia da Grande São Paulo, que tem em torno de vinte milhões de habitantes, é transmitido pela televisão. As guerras são vistas em tempo real. Há menos de cem anos, uma gripe matava uma família inteira e dizimava populações, porque não havia antibiótico. Isso também é violência.

Atualmente, há muito mais oportunidades de empregos que no passado. Pode haver um período de mais violência, de crises, mas é circunstancial. Se tomarmos um período maior, vamos constatar que a vida das pessoas e a paz mundial melhoraram substancialmente, porque é a lei da evolução.

Tudo segue o caminho da expansão do universo: do simples para o complexo, do caótico para o organizado, do pior para o melhor, do ignorante para o sábio, do atrasado para o avançado, do impotente para o poderoso, de criança para adulto, do bruto para o polido.

A consciência de cada um, nas experiências cotidianas, vai se expandindo e, quanto mais expandida, mais evoluída será. A vida atual de cada um é melhor que todas as anteriores.

De fato, o mundo vai estar bem melhor no futuro. Agora, se a pessoa acredita que a vida será cada vez pior, para ela será, porque a realidade de cada um é feita de acordo com suas crenças.

Crença comum

"O aquecimento global vai acabar com o planeta."

Lei da evolução

Vai nada. É circunstancial. A lei da evolução não permite. A Terra já passou por outros fenômenos piores e não acabou. É muita pretensão do homem achar que pode destruir o planeta, como se não houvesse uma sabedoria superior cuidando de tudo.

Se os anjos construtores e donos da Terra quisessem, poderiam interferir a qualquer momento e acabar com o aquecimento global. Só não o fazem porque não é necessário. De repente, a Ciência descobre algo que resolve o problema. Eles só interferem se o planeta correr risco real de extinção.

Crença comum

"Só a dor faz a pessoa evoluir."

Lei da evolução

Não necessariamente. Ou vai pelo amor, ou vai pela dor. No atual estágio evolutivo do planeta, a dor conta muito no processo de expansão da consciência das pessoas, pois há muita ignorância, isto é, falta de conhecimento.

Onde há lucidez, conhecimento, esclarecimento, não há dor. Quando se usa a inteligência, a dor deixa de funcionar como estímulo. O espírito só lança mão da dor porque a pessoa não entende outra linguagem.

Por exemplo, o preconceituoso, apesar de todos os esclarecimentos a respeito, apesar dos fatos e exemplos evidenciarem que sua atitude é desfavorável, na sua ignorância, não tem o discernimento necessário para perceber que aquilo é prejudicial. Sua inteligência ainda não consegue alcançar as mensagens, então, só sofrendo na pele para tomar consciência.

Com o uso da inteligência, do discernimento, do bom senso, as pessoas podem evoluir pelas experiências dos outros, por meio de uma leitura, de um aconselhamento, de um curso, evitando, assim, a vivência dolorosa.

QUARTA LEI

Lei da eternidade:
TUDO É ETERNO

Tudo é eterno. Nada acaba, mas se transforma. É como na Física, que diz que a energia não se perde, se transforma. Acaba um estado da energia e ela muda para outro. É a lei de Lavoisier, e a lei da Física está dentro da lei cósmica, como tudo está.

O mesmo acontece com a gente. A gente é eterno para a frente e para trás. Você sempre existiu. Costuma-se falar do criador, mas ninguém foi criado, você sempre existiu e sempre vai existir. Nem todo esse tempo eterno você estava na consciência. Encontrava-se no estado latente e, num determinado momento, seu espírito resolveu germinar, como uma semente.

A semente, enquanto não for jogada na terra, sob determinadas condições, não germina. Ela contém todo o potencial para se transformar numa árvore, por exemplo. A semente não morre quando germina. Ela apenas se transforma. A árvore toda da peroba de trinta metros de altura já estava na pequena semente.

Na explosão do Big Bang você estava lá, na forma latente, como uma semente. A primeira família a surgir foi a dos angélicos. Os anjos são seres diferenciados de nós porque, é claro, a primeira leva de seres tinha uma função de começar a pôr em funcionamento as leis de equilíbrio no caos primário. São espíritos que trabalham com mundos em várias dimensões físicas e extrafísicas. Eles trabalharam na arquitetura dos níveis até que as zonas se estabilizassem nas constantes divinas. Esses foram os primeiros.

Depois da estabilização do universo, parte deles foi se preocupar com a expansão e outra parte se preocupou com as entidades que estavam vindo, porque nunca parou, desde que o universo surgiu do buraco negro do outro universo.

Alguns cientistas já admitem que os buracos negros sejam passagens para outras dimensões. Então, vieram entidades e mais entidades para cá, como se fossem Deus Se multiplicando, Se multiplicando por meio delas. Deus é infinito, como é infinita a diversidade divina. Nada é igual a nada, nem mesmo todos os grãos de areia de todos os universos, e nada se repete. Isso não é fantástico?

Eventualmente, essas entidades tiveram que ser coordenadas para formarem colônias, grupos, estruturas vivas, porque ninguém vive sozinho. À medida que as estruturas iam surgindo, crescendo, vinham entidades mais qualificadas para assumir o controle desses grupos. Grupo é um organismo.

Contudo, isso levou muito tempo e as estruturas desses primeiros seres eram as estruturas angélicas que continuaram cuidando da expansão, até que começou a estruturação dos astrais para depois começar a vida no físico.

Quando a população angélica se estabeleceu, com suas hierarquias organizadas, elas propiciaram o estabelecimento dos devas, que chamamos de elementais, que são os anjos menores. Os anjos menores foram cuidar das arquiteturas dos ambientes, e como o universo era novo, demorou tempo até que eles reconhecessem as características, o que também foi uma aprendizagem para todos esses anjos.

Nessa estruturação, tudo seguiu e até hoje segue uma ordem. Por exemplo, o menor tem que vir primeiro. Aí eles se juntam para fazer uma nova estrutura. Quando essa estrutura estiver pronta, vem o maior para ajudar a estrutura a funcionar. E assim segue avançando na complexidade. Isso é um modelo cósmico.

Portanto, aqueles que dominam, que fazem parte do principado, que é a essência maior, vieram depois, quando já havia uma estrutura adequada. Os grandes não vieram em primeiro lugar. As grandes figuras da espiritualidade, da Ciência e de todas as áreas, como Jesus, Buda, Confúcio, Einstein, Steve Jobs etc., quando se estabeleceram aqui, encontraram um ambiente propício para exercer suas funções.

Como se desenvolveu a vida na Terra? Nasceu logo um elefante? Não. Primeiro vieram os seres unicelulares dentro da água, que se juntaram e fizeram colônias para formarem animais e plantas mais complexos. Primeiro vieram os simples, depois os complexos e mais complexos.

Dessa forma, essa constante do planeta reflete a constante da criação do universo nas sete fases que compõem a estruturação da realização. As sete fases, que na bíblia foram apresentadas como os sete dias da criação, na verdade refletem os sete passos da criação, da realização, que chamamos de prosperidade.

No nosso nível, é criar futuro, criar situação, mas no nível universal é criar a matéria, criar a energia. Assim foi que, no final da estruturação, vieram os que governam as constelações, que chamamos de principados.

O espírito do ser humano só surgiu na Terra quando já havia uma estrutura física de um animal para acolhê-lo. Já havia um ser bastante complexo, do qual saiu uma vertente para os macacos e outra para os humanoides.

Entre os humanoides também houve diversas seleções, até que uma espécie se destacou na sua complexidade, favorecendo a implantação do perispírito e em seguida dos espíritos, que foram trazidos de outras partes do universo. O homem não veio do macaco e somos todos ETs. Tudo isso foi e continua sendo obra dos anjos e arcanjos, os chamados donos do planeta.

Conforme foi se verificando a evolução, foram se formando as sociedades, as civilizações, que são consideradas um organismo, uma família. Você pode reencarnar aqui, acolá, mas você sempre vai estar ligado àquele que é seu organismo, sua família.

Os egípcios foram assim; os atlantes e os sumérios também foram assim.

Todos eles fizeram os organismos do ponto de vista cósmico. Por isso se fala de família, mas são organismos.

Devido a isso, existem as linhagens, as associações. Não existe evolução sem associação. Solidão é uma utopia. Ninguém é autossustentável. Todo mundo depende de todo mundo. E quanto mais evoluir, mais vai ser assim, porém sempre obedecendo a uma hierarquia.

A hierarquia é uma constituição do universo. Tudo é organizado, tudo se inter-relaciona, tudo está sob controle neste universo e nos outros universos também. Ao mesmo tempo em que tudo muda e cresce, tudo está seguro. A alma divina segura todos os universos.

À medida que a estrutura do animal evolui, nascem ali espíritos mais avançados. Eles trabalham para o avanço do mundo material e este, por sua vez, os ajuda a avançarem nos seus propósitos, porque tudo tem a ver com tudo e tudo é agregado. É por esse motivo que você não é só. É individual, mas não é só. Você está dentro de um agregado, que chamamos de família espiritual, e ninguém está sem essa família.

Do ponto de vista da sequência, é como a evolução de Darwin, sem retrocesso, porque tem que haver expansão, evolução, que é uma das leis da vida. Tudo é norteado pela expansão ocorrida após o Big Bang.

O que é importante perceber é que cada célula do nosso corpo é uma individualidade que se agregou. Como qualquer ser vivo, tem alma. Ela nasce, morre e reencarna na matéria. Esses seres também têm inteligência, a inteligência animal. Por isso o agregado dessas inteligências animais em nós é o bicho interior de cada um.

O bicho tem uma inteligência diferenciada dos outros. Ele é deva, não discerne se é bem ou mal, se é moral ou não, se é bonito ou feio socialmente. Para ele, o que vale é o funcional. O agregado que domina esse bicho é o eu consciente.

Pelo menos é essa a intenção, porque há momentos em que o bicho domina a cabeça. Sabe aquela hora em que você roda a baiana, o bicho sobe pra cabeça e você faz a coisa andar? Ou, então, quando está com vontade de ir ao banheiro e a cabeça quer controlar, até que chega uma hora em que você precisa sair correndo e largar tudo que estiver fazendo pra não se borrar todo?

Depois, tem um agregado que domina a cabeça, que é a alma. A alma, por sua vez, é dominada pela parte do espírito que domina tudo, o Eu Superior, que é a essência divina.

Você é um agregado, uma colônia, uma constelação de bilhões de seres, cujo grande deva é o Eu Superior. Quando o Eu Superior entra na consciência, muito esporadicamente, você pensa como gênio.

O Eu Superior é que escolhe sua vida, sua morte, seu nascimento. É Ele que escolhe seus dons. Então, você é o que seu Superior é. Todo resto está subjugado a Ele.

Como foi dito, após o Big Bang, de imediato, na consciência, vieram os primeiros seres angélicos para organizar o caos inicial, dando origem às galáxias, às estrelas, aos planetas, para possibilitar o desenvolvimento da vida humana, dos seres extraterrestres, das plantas, dos animais, enfim, de tudo em que há vida.

Esses, somente muito tempo depois, saíram da latência e foram evoluindo e tomando consciência. Se somos eternos para trás, o Big Bang não foi um início? Não. Antes do Big Bang havia um universo que foi encolhendo num buraco negro. Um buraco negro nada mais é que a sucumbência de um universo em uma dimensão, e a origem de outro em nova dimensão. Esse processo de expansão e sucumbência é eterno.

E onde fica Deus nisso tudo? Deus fica junto. Deus não está fora. Tudo é Deus. Você é Deus, a barata é Deus, o santo é Deus, o assassino, na ignorância dele, é Deus, Lúcifer é Deus, os anjos são Deus, a pedra é Deus. Tudo é manifestação de Deus.

Não sei se você chegou a estudar o catecismo para fazer a primeira comunhão. Uma das perguntas era: "Onde está Deus?". E a resposta: "Deus está no céu, na terra e em toda parte". Deus está em tudo. Tudo teve uma única origem, ou melhor, uma única causa no universo. Absolutamente tudo que existe estava no Big Bang, mas as coisas foram se transformando até o momento e continuarão se transformando pela eternidade.

Nós não somos nem mais nem menos que uma barata. Somos apenas diferentes. E não existe apenas um universo. Agora mesmo pode estar acontecendo algum Big Bang por aí, porque Deus é infinito. Não existe uma coisa mais sagrada que a outra. Absolutamente tudo é sagrado, porque tudo é a extensão de Deus. Deus é tudo que sempre existiu, que existe e que existirá, munido de infinitas possibilidades.

Nós já pegamos a coisa avançada. Nossos corpos, os corpos dos animais, das plantas, foram feitos pelos anjos, que continuam fazendo. É um processo contínuo. Os que estão saindo da latência agora vão pegar moleza. Está tudo mais organizado. E quanto mais para o futuro, mais organizado e melhor estará o planeta. Não foi isso que vimos no capítulo anterior?

A eternidade é uma transformação que não para. Ela não anda com o tempo. É um *continuum*, sempre agora. A eternidade é um eterno presente. O passado e o futuro são uma abstração da mente.

A transformação é a recomposição de cada agora. Nesse espaço do agora, tudo tem que se recombinar. Nunca teve começo e nunca terá fim. É uma característica natural de Deus de nunca ser igual, sem jamais deixar de ser Si mesmo.

Se nada pode se repetir, Deus cria e recria o tempo todo. Não é que Ele está criando a origem. A origem sempre existiu, é Ele próprio. Por exemplo, quando Ele vai fazer um universo novo, nós vamos considerar que é o início, como o nosso no Big Bang, mas Deus não começa, vai destruindo e transformando tudo, e esse processo não tem fim.

No livro *O Universo numa casca de noz*, Stephen Hawking afirma: "Esse ponto de densidade infinita foi denominado singularidade e seria um início ou um fim do tempo". E poderíamos acrescentar "e do espaço".

Nossa mente não entende que há um infinito, um eterno, porque ela só trabalha com o tempo, com o espaço e com formas definidas, e as formas limitam. Foi assim que inventaram equivocadamente um Deus antropomorfo, ou seja, na forma humana. De outro jeito, a mente não conseguiria conceber como era esse Deus.

Deus fez o homem à Sua imagem e semelhança e o homem, por sua vez, fez Deus à imagem e semelhança dele, tanto no formato físico como nas atitudes, o que está completamente equivocado. Deus fez o homem à semelhança dEle no poder, no potencial, nas virtudes, nas habilidades, nas faculdades, nas possibilidades. A mente não entende, mas o espírito sabe que tudo se transforma, que Deus não tem forma, que tudo é eterno, que o infinito não tem espaço. A mente usa palavras para definir e as palavras limitam, dão formas.

Por isso Deus não se define. Qualquer definição de Deus O estará limitando. O espírito não define, sente. Em espírito sentimos que Deus é infinito e eterno, pois o espírito é nossa ligação com o divino.

O máximo que a gente pode estar falando de Deus é de características, e olhe lá. O espírito transcende o cérebro e a mente. Esses limites são parâmetros de educação, para ter disciplina mental, pois sem ela a vida se torna um caos.

Você poderia questionar se o mundo espiritual já existia quando surgiu o mundo físico por ocasião do Big Bang. A resposta é "sim". Veio de outros universos paralelos de outras dimensões, porque tudo é interdependente e os buracos negros ligam os universos.

Nosso universo começou com um fenômeno dos outros. Naquele momento, a povoação de espíritos começa a se manifestar. Nós sempre existimos, somos eternos para trás, mas, da maneira como nos manifestamos, está começando uma vida para nós.

Não existe a palavra "acabou". Só existe a palavra "sempre". Por isso as ideias acerca de um céu e de um inferno eternos e estáticos são um absurdo. Tudo se transforma e evolui pela eternidade. O que acaba é o momento que é único, mas ele se transforma em outro momento que também é único, e assim segue pela eternidade.

A eternidade é mudança. Não há nada mais absurdo que a fantasia que nos foi passada pelas religiões de que bilhões de espíritos desencarnados, mais os que vão morrer, ficam ao lado de Deus ou do diabo não fazendo nada pela eternidade. Que coisa mais insensata! Como está desvirtuada a ideia do mundo dos mortos, ou astral!

"Aprendi que lá não há nada de misticismo e mistérios, mas muita ciência e espiritualidade. É um mundo tão concreto e tão real quanto este, apenas vibrando em outra frequência energética[5]".

Quer dizer que não fica todo mundo junto nos três lugares depois que morre? Os bons no céu, os mais ou menos no purgatório, e os maus no inferno?

Evidentemente que não. Esta talvez seja a visão mais equivocada que as pessoas, em geral, têm sobre os mundos dos mortos. É como aqui. Há pessoas vivendo em lugares péssimos, insalubres, outros em lugares mais ou menos, e outros em lugares ótimos, de acordo com suas conquistas.

Por exemplo, já pensou que injustiça para os que têm mérito, e uns têm mais que outros,

---

[5] Trecho extraído do livro *O cientista de hoje*, de Lúcio Morigi, publicado pela Editora Vida & Consciência.

vivendo pela eternidade no mesmo lugar que outro que tem menos mérito? O regime comunista não funciona no astral, como não funciona aqui.

No nosso mundo também é assim. Quem tem mais dinheiro vive numa casa melhor, tem um carro melhor e escolhe um lugar melhor. Se depois da morte tudo se iguala, no céu, ou no purgatório, ou no inferno, que vantagem tem sobre seu vizinho, aquele que trabalhou melhor sua consciência, conquistou mais espaço, aprendeu mais sobre a espiritualidade? Se não fosse assim, seria muito injusto.

Ao morrer, a pessoa não vai encontrar Deus, Jesus, Nossa Senhora, santos ou demônios, nem anjos tocando harpa, mas uma realidade muito semelhante à que ela vivia na Terra.

Outra coisa, por mais ignorante que alguém seja, do tipo daqueles que cometem inúmeros crimes, sempre terá nova chance, reencarnando tantas vezes quantas forem necessárias, porque, para a espiritualidade, não há bem e não há mal, mas o funcional, e cada qual passará pelas experiências que forem necessárias ao seu processo evolutivo, graças à generosidade e à justiça divina, evidenciadas pelo fenômeno da reencarnação. Aliás, essa pessoa também é a extensão de Deus.

O momento é sempre um continuum. Se você estiver curtindo o momento em essência, sente que nada realmente passou, apenas a vida que se expandiu.

Quando você passa para o estado de iluminado, que será a próxima etapa da humanidade, some o tempo, some o passado, some o que você viveu. Fica apenas o conteúdo das faculdades desabrochadas, unificadas numa plenitude. É outra experiência de vida diferente desta. É o chamado estado de êxtase. Aposto que você já sentiu esse estado, nem que tenha sido por alguns segundos, em que tudo é beleza, tudo é bom e depois volta para o ritmo diário.

De vez em quando o espírito produz esse estado. Mas, só vai ser quando ele quiser, quando amadurecerem as qualidades da pessoa. Cada um tem sua hora. De certa forma, isso também define um caminho. Todo mundo tem um caminho próprio.

Crença comum

"Eu não acredito que a gente é eterno. Para mim, morreu, acabou. Dizem que se a pessoa crer, acontece. Então, a vida após a morte só vai existir para as pessoas que acreditam nisso? Acho que essa lei de crer e acontecer está furada. Se a vida é eterna para quem crê, também deveria ser para quem não crê."

Lei da eternidade

A lei do crer funciona para a qualidade de vida da pessoa, para as coisas que ela gostaria de ter. Para fatos que aconteceram, para o que está construído, para o que está criado, enfim, para o que existe, crer ou não crer não vai alterar nada.

Há muitas pessoas que ainda não acreditam que o homem foi à lua, mas ele foi diversas vezes. Na Idade Média, muitos não acreditavam que a Terra girava em torno do Sol. Adiantou alguma coisa?

A eternidade e a vida após a morte, mesmo que a pessoa não acredite, são reais. É como não acreditar na existência dos terremotos quem nunca sentiu um. A pessoa que não acredita na vida após a morte, ao desencarnar, por força de sua crença, poderá passar certo período sem ver nada, ou dormindo.

Mas, a realidade está lá, e mais cedo ou mais tarde ela vai precisar acordar para essa realidade. "É, mas se ela não acreditar que morreu, já que ela se vê viva?" É muito fácil. É só trazer algum parente que morreu muito antes para conversar com ela.

Crença comum

"Quando a pessoa morre, vai para o céu, ou para o purgatório, ou para o inferno pela eternidade. Quem vai para o purgatório paga seus pecados e depois vai para o céu onde está Deus, Jesus, Nossa Senhora, os santos, os anjos e todas as pessoas boas ou, para algumas religiões, ficam dormindo até o juízo final."

Lei da eternidade

Não existe área mais cheia de fantasias, ilusões e tabus que esta. É que ela tem ficado a cargo das religiões, que passam informações totalmente equivocadas que remontam há milhares de anos. Não estudam, não pesquisam, não evoluem e não se propõem a estudar, pois já partem do princípio de que os mortos não se comunicam com os vivos.

Que absurdo! A comunicação com os mortos, hoje em dia, é tão corriqueira quanto feijão com arroz, principalmente no Brasil, um país cheio de ótimos médiuns. Muitos religiosos são excelentes médiuns, mas bloqueiam esses dons por força de suas convicções religiosas.

O espírito não tolera, de forma alguma, o bloqueio dos dons. Por isso eles se tornam pessoas com uma série de problemas psicoespirituais, físicos, emocionais e com perturbações mentais, facilitando o acesso de obsessores.

É uma pena, porque poderiam usar esses dons para seu próprio bem e para o bem dos fiéis, poupando-os de uma gama de sofrimentos, pois onde há ignorância, há dor, e onde há lucidez, há bem-estar e prosperidade.

Felizmente, segundo os amigos espirituais, como o Calunga, as trevas nessa área vão deixar de existir. Com o tempo, a Ciência vai tomar conta do assunto e tudo ficará esclarecido, como ficou quando Galileu Galilei provou que a Terra girava em torno do Sol.

Quando a Ciência prova, ninguém contesta e a humanidade inteira aceita. Já andam mexendo nisso. Os cientistas não sabem, mas um dos universos paralelos de que falam é o astral, o mundo dos mortos.

Depois que a pessoa morre, não vai encontrar Deus, Jesus, Nossa Senhora, santos ou demônios, nem anjos tocando harpa, nem ficar dormindo até o juízo final, mas uma realidade muito semelhante à que ela vivia na Terra.

Outra coisa: por mais ignorante que seja alguém, do tipo daqueles que cometem inúmeros crimes, sempre terá nova chance, reencarnando tantas vezes quantas forem necessárias, porque, para a espiritualidade, não há bem e não há mal, mas o funcional, e cada qual passará pelas experiências que forem essenciais ao seu processo evolutivo, graças à generosidade e à justiça divina, evidenciadas pelo fenômeno da reencarnação. Aliás, essa pessoa também é a extensão de Deus.

No astral não há nada de misticismo e mistérios, mas muita Ciência e espiritualidade. É um mundo tão concreto e tão real quanto este, apenas vibrando em outra frequência energética.

É algo muito próximo ao mundo daqui, em todos os aspectos, tanto físico como nos costumes e hábitos humanos. Há muito trabalho, estudos, artes etc. Ainda bem que é assim.

Já pensou se fosse como nos foi ensinado? Bilhões de espíritos ao lado de Deus sem fazer nada pela eternidade? Ou, então, no inferno ao lado do diabo, sofrendo pela eternidade, só porque não foram bons o suficiente em apenas alguns anos de vida? É muito insensato isso, não acha? Não sei o que seria pior: o tédio da mesmice do céu ou a quentura do inferno. Deus, em sua infinita sabedoria, não faria tamanha aberração.

Toda dor, todo sofrimento são decorrentes de ilusões, e a ilusão não se sustenta. Um dia acaba, já que é uma invenção da cabeça. Podemos concluir, assim, que o bem-estar é eterno, porque é baseado em verdades, enquanto o sofrimento é passageiro. Em outros termos, o paraíso é eterno, e o inferno circunstancial.

Crença comum

"Os bons, que ajudam os outros, vão para o céu, e os maus, para o inferno, pela eternidade."

Lei da eternidade

Primeiro, como foi dito na questão anterior, não há dor que dure para sempre. Segundo, o conceito de pessoa boa, mormente aqui no Brasil, é aquela que se doa para o próximo, e quanto mais tirar de si para ajudar o outro, mais seu conceito sobe. Há uma diferença radical entre esse tipo de ajuda e a verdadeira ajuda. Antes de tudo, ajudar não é assumir o outro. O seguinte diálogo esclarece bem o tema:

— *Oi, Cristiano!*

— *Oi, Barba! Que bom que você apareceu.*

— *Desta vez vim sem você pedir, porque vejo que o assunto em que está envolvido é muito interessante.*

— *Que assunto?*

— *A ajuda.*

— *É. Fiquei contente porque parece que minha mãe tá tomando um rumo.*

— *Você gosta muito de ajudar os outros, não gosta?*

— *Muito.*

— *E quando sua ajuda não resolve, como você se sente?*

— *Incapaz e frustrado.*

— *Antes de ajudar alguém, você precisa primeiro se ajudar.*

— *Como?*

— *Sentir-se incapaz e frustrado é uma autoagressão. É se julgar e se condenar. É pura pretensão e orgulho. Pra ajudar, você precisa ser impessoal, ou seja, não se envol-*

ver emocionalmente no caso. Lembra que não há vítima nem coitado? E que cada um é responsável pelo que atrai pra si?

— *Isso ficou bem marcado.*

— *Pois bem. Se sua ajuda não resolveu, foi porque a pessoa não estava preparada pra recebê-la.*

— *É mesmo, Barba.*

— *Existe uma ciência pra ajudar os outros, senão em vez de ajudar, acaba atrapalhando mais. Muitas pessoas estão com sua casa completamente bagunçada e querem arrumar a dos outros. A verdadeira ajuda começa arrumando-se a própria casa. Assim, a energia boa se propaga afetando quem estiver em volta.*

— *Você já disse isso.*

— *Pois é. A primeira coisa a se observar quando se pretende ajudar alguém é se há realmente vontade de ajudar. Com obrigação e sacrifício não se ajuda ninguém. Em segundo lugar, é preciso dar o que a pessoa pede. Se um bêbado pede pinga, não lhe ofereça um pão ou um sermão. Ele está cansado de ouvir besteiras e não resolveu nada e você ainda corre o risco de ser mandado para... você sabe onde.*

— *Sei* — respondeu Cris, dando uma gargalhada. — *E o que faço nesse caso?*

— *Dá pinga, uai!*

— *Mas não vou fazer mais mal ainda?*

— *Vou repetir: você não é responsável pelo bem ou pelo mal que acometer o outro. O que ele mais quer é pinga. O que a bebida causar a ele não interessa a você. Ele é responsável por sua vida.*

— *Sempre me esqueço disso. O conceito da autorresponsabilidade é muito novo pra mim.*

— *É assim mesmo. Com o tempo fica automático. Quanto ao bêbado, se não quiser dar-lhe pinga, você tem a alternativa de dizer não. Mas, pelo amor de Deus, não lhe ofereça um pão ou um sermão no lugar!*

— *Tá, tá!*

— *Outra coisa. Pra ser uma verdadeira ajuda, você precisa deixar que a pessoa peça, senão é intromissão na vida dela. É falta de educação.*

— *Costumo fazer muito isso.*

— *Eu sei. Essa mania que você tem de ajudar, de ser bonzinho acaba atrapalhando, pois tira da pessoa a oportunidade de crescer por si só.*

— *Mesmo quando sei que ela está precisando e que eu posso ajudá-la?*

— Mesmo assim. Ela que deixe seu orgulho de lado e peça ajuda. Por fim, pra ajudar é preciso dar só se estiver sobrando. Não pode tirar de você pra dar ao outro. Se tirar de você, estará dando um recado à vida: "Pode tirar de mim!". Na verdadeira ajuda todos têm que ganhar. Sentir-se bem é melhor que fazer o bem. Sentir-se bem fazendo o bem é o máximo.

— Por isso que se sacrificar pelo próximo faz muito mal?

— Exatamente. Quem se sacrifica pelo outro acredita que o sacrifício é um bem. Como a crença é o que conta, a vida sempre vai responder com esse suposto bem, ou seja, com mais sacrifício.

— E como as pessoas que escolhem só ajudar os outros, como, por exemplo, uma irmã de caridade?

— É um trabalho como outro qualquer. Um engenheiro, ao exercer sua profissão, também ajuda. Vai depender dela, de como se sente com o que faz. Se gostar do que faz, vai colher os frutos. Mas, se ela se sacrifica, achando que Deus um dia irá recompensá-la por isso, está na ignorância. Deus não diferencia o trabalho de caridade de outro qualquer. Depois que a pessoa morre o que *conta é o que ela fez para si e não para os outros. Ninguém vai ficar bem por causa dos outros, mas por sua causa. Só rezando, fazendo caridade e se sacrificando pelos outros não fará com que alguém se dê bem no meu mundo. Quem reza continua rezando. Quem pede continua pedindo. Quem se sacrifica continua no sacrifício. Quem é que vive bem? Eu já lhe disse isso.*

— *Quem tiver o controle da mente.*

— *É mais fácil um camelo passar pelo buraco de uma agulha que uma mente descontrolada entrar no reino de Deus.*

— *Como posso controlar a mente?*

— *Não se deixando levar pelas ilusões, pelas paixões, pelas emoções. Você, seu eu consciente, é que precisa gerenciá-la: isso eu quero, isso não quero. Isso é importante, isso é bobagem. Isso sou eu, isso não sou eu. Se você deixar a mente vagueando ao sabor do pensamento, no automático, fatalmente ela tenderá à morbidez e você cairá.*

— *Já percebi isso.*

— *Se aí no seu mundo é assim, quando chegar ao astral piorará, porque a matéria de lá tem mais plasticidade devido à força de coesão dos átomos e moléculas ser menor, fazendo com que as ilusões se materializem mais rápido. Chegando ao astral, tudo continua a mesma coisa, só que mais intensamente, até que a pessoa discipline sua mente e mude suas crenças e atitudes. Tem ateu aqui vivendo melhor do que quem passou a vida rezando, ajudando os outros, fazendo caridade, porque tem o controle mental.*

— *Então, pra que serve pedir perdão a Deus?*

— *Pra absolutamente nada. Muitas pessoas pedem perdão a Deus pelos erros cometidos, achando que terão o céu após a morte. Isso é pura fantasia. Deus não perdoa nem condena ninguém. Tudo que a pessoa fizer, Ele não verá como um erro, mas como uma experiência válida, um aprendizado, pois foi tudo Ele que criou, e Deus não cria nada inútil. Você não ouviu dizer que Deus é infinitamente justo?*

— *Justo e generoso.*

— *Pois então? Ele é tão justo que deixa pra nós a tarefa do julgamento. Quem se culpar, se condenar, terá que pagar. É a crença dele. Quem se absolver estará absolvido. Cada qual que use a inteligência que Ele deu da maneira que lhe convier.*

— Barba, eu tava lendo a parábola dos talentos e...

— Essa parábola é muito elucidativa para o nosso assunto. Leia, por favor.

— "Acontecerá como um homem que ia viajar para longe. Chamando seus empregados, entregou-lhes seus bens. A um deu cinco talentos, a outro dois, e um ao terceiro. A cada qual de acordo com a própria capacidade. Em seguida, foi viajar. O empregado que havia recebido cinco talentos trabalhou com eles e lucrou outros cinco. Do mesmo modo, o que havia recebido dois lucrou outros dois. Mas aquele que havia recebido um só, saiu, cavou um buraco na terra e escondeu o dinheiro. Depois de muito tempo, o patrão voltou e foi ajustar contas com os empregados. O empregado que havia recebido cinco talentos entregou-lhe mais cinco, dizendo: 'Senhor, entregaste-me cinco talentos. Aqui estão mais cinco que lucrei'. O patrão disse: 'Muito bem, empregado bom e fiel! Como foste fiel na administração, eu confiar-te-ei muito mais. Vem participar da minha alegria'. Chegou também o que havia recebido dois talentos e disse: 'Senhor, entregaste-me dois talentos. Aqui estão mais dois que lucrei'. O patrão disse: 'Muito bem, *empregado bom e fiel! Como foste fiel na administração, eu confiar-te-ei muito mais. Vem participar da minha alegria'. Por fim, chegou aquele que havia recebido um talento e disse: 'Senhor, eu sei que és um homem severo, pois colhes onde não plantaste e recolhes onde não semeaste. Por isso, fiquei com medo e escondi o teu talento na terra. Aqui tens o que te pertence'. O patrão respondeu-lhe: 'Empregado mau e preguiçoso! Sabias que eu colho onde não plantei e que recolho onde não semeei. Então devias ter depositado o meu dinheiro no banco, para que, no meu regresso, eu recebesse com juros o que me pertence'. Em seguida o patrão ordenou: 'Tirai-lhe o talento e dai-o ao que tem dez. Porque a todo aquele que tem, será dado mais, e terá em abundância. Mas ao que não tem, até o que tem lhe será tirado. Quanto a este empregado inútil, lançai-o lá fora, na escuridão. Ali haverá choro e ranger de dentes' (Mt 25,14-30)".*

— O que você achou?

— Não entendi muito bem o que Jesus quis dizer com: "ao que não tem, até o que tem lhe será tirado".

— Essa parábola tem vários ensinamentos, mas acho que o mais importante é exatamente o da sua dúvida. Não costumam explicar o significado disso. Você percebeu que o patrão não teve pena dele?
— Percebi.
— Ele não precisava se desdobrar para lucrar apenas mais um talento, pra obter a mesma recompensa dos outros dois. Sua recompensa seria a mesma. Só bastava ganhar mais um. Quem nunca teve uma moradia, sua alegria, ao construir um cômodo de alvenaria talvez seja até maior que a do príncipe da Inglaterra ao construir mais um palácio.
— Tem a ver com o que você disse sobre não haver vítima nem coitado?
— Isso mesmo. Deus não priva ninguém de talentos. Agora, cada qual que faça do seu o que bem entender. Uns aproveitam, outros enterram.
— Você disse que Deus não castiga. O que enterrou seu talento não foi castigado?
— Não castiga, mas eu disse também que Deus não protege a ignorância e que cada um é responsável pelo que lhe sucede, lembra?
— Lembro.

— *A única forma de ele aprender é experimentando mais dor. Sem esse estímulo ele ficaria cada vez mais relapso, relaxado, mimado e sua inteligência, ou capacidade, por mínima que fosse, não seria estimulada a se desenvolver.*

— *Então, dependendo do caso, pra ajudar, em vez de dar é melhor tirar da pessoa?*

— *Se você não tiver coragem de tirar, pelo menos não dê.*

— *Há governos que costumam dar aos pobres. É o mesmo caso?*

— *Não só os governos, mas muitas pessoas fazem isso visando a uma recompensa ou das pessoas, como consideração, ou de Deus. Na verdade estão atrapalhando e alimentando mais a ignorância, a vagabundagem, a falta de iniciativa e o comodismo. Os governos precisam investir na promoção social por meio da educação, da geração de empregos. Assim, as pessoas se sentirão mais dignas e haverá cada vez menos ignorância e pobreza. Em consequência, elegerão políticos competentes, que por sua vez investirão mais na educação, na*

geração de empregos, e assim por diante, e todos ganharão cada vez mais.
— *Mais uma coisa, Barba.*
— *Diga.*
— *Quando você falou que na verdadeira ajuda todos ganham e que quem se sacrifica pelo próximo está perdendo...*
— *Continue.*
— *Deduzi que não existe amor incondicional.*
— *Na verdade, tudo no universo é troca. Esse negócio de fazer sem interesse é pura balela.*
— *E aqueles que ajudam e preferem ficar no anonimato?*
— *No mínimo fazem isso pra se sentirem bem, o que já é uma condição, uma troca. Muitos esperam a recompensa divina futura, o que não terão, porque Deus não barganha com ninguém e não faz nada a prazo. Outros costumam doar aos pobres para encobrir alguma culpa, principalmente aqueles que já estiveram em condições semelhantes e hoje estão na fartura. Sempre haverá um motivo, uma condição pra pessoa fazer algo por alguém, por isso ninguém faz nada desinteressadamente.*
— *Nem o amor de mãe?*

— *Aquilo que chamam de amor de mãe é o que mais apego encerra, pois o filho costuma ser tudo pra ela. Ela espera tudo dele. E se ele a abandonar? Como ela vai se sentir? O que ela vai dizer? O verdadeiro amor está longe disso, porque o amor libera. Claro que há mães lúcidas que praticam o verdadeiro amor.*[6]

Portanto, por ocasião da morte, a pessoa leva consigo apenas suas crenças e atitudes. A que acredita no sacrifício, mesmo que seja para o bem do próximo, continua no sacrifício. A que acredita na alegria, e que seu bem-estar está em primeiro lugar, pois cada um é responsável pelo que de bom ou de ruim ocorre consigo, continua na alegria.

Crença comum

"Quem luta e quem sofre vai para o céu."

Lei da eternidade

Da mesma forma que a questão anterior, quem acredita na luta vai continuar lutando, e quem valoriza o sacrifício por meio de suas atitudes diárias acredita no sacrifício e vai continuar se sacrificando.

---
6 Idem.

Felizmente, no astral as pessoas continuam aprendendo, e quem tiver um pouquinho de lucidez vai perceber que a luta e o sacrifício só servem pra atrair mais luta e sacrifício. Vai precisar mudar seu ponto de vista e suas crenças a respeito.

Crença comum

"Graças a Deus ele descansou! Passou desta pra melhor."

Lei da eternidade

Não é verdade. É exatamente o contrário. Do jeito que a pessoa morre, ela chega ao astral. Se morrer doente, com dores, chega lá com a doença e sofrendo mais ainda, porque, além das dores físicas, soma-se a dor da saudade dos familiares que ficaram e a energia densa da dor do lamento dos parentes pela sua morte.

É claro que lá tem assistência melhor que aqui, inclusive de familiares mortos que aguardam seu desencarne, mas dependendo da densidade psicoenergética com que o morto deixa o corpo físico, nem vai perceber a presença dos amigos e familiares e cairá para o umbral, ficando ao deus-dará.

Mais um fator desfavorável: no astral tudo é mais intenso, mais acelerado e mais plástico, devido à coesão dos átomos e moléculas ser menos forte que aqui na matéria. O recém-chegado poderá materializar instantaneamente um ambiente terrível, de acordo com seus medos, suas culpas, seus remorsos, suas raivas, pois atrás disso tudo há uma crença alimentando. Assim, ele vai viver e sentir na pele tudo aquilo, apesar de serem ilusões. Se a dor é mais intensa no astral, os sentimentos bons também são.

Desse modo, quem morre na alegria, dormindo, por exemplo, era muito festeiro, pois sempre acreditou na alegria, achava a vida uma festa e se lixava para a opinião dos outros, não assumia as dores dos outros e sempre se pôs em primeiro lugar, chega lá assim, porém, com mais intensidade.

Crença comum

"Quem sacrifica esta vida ganha a outra."

Lei da eternidade

Ganha uma vida pior, pois acredita no sacrifício, e a morte não altera as crenças da pessoa. Se o sacrifício é na intenção de ganhar a outra vida, está fazendo um péssimo negócio.

Agora, se ela se encontra numa situação difícil involuntariamente, por uma circunstância da vida, ótimo. Ela tem consigo que aquilo é passageiro que, se pudesse, não estaria naquela situação, toca a vida pra frente, aceita, encara sem reclamar e sai vitoriosa. Só conta o que a pessoa faz para si e não para os outros. Caso a pessoa faça para os outros com prazer, aí conta, porque ela acredita no prazer e não no sacrifício. Ajudar é uma beleza, é muito prazeroso e gratificante, desde que seja com alegria e satisfação.

A crença de que quem sacrifica esta vida ganha a outra é muito forte devido às pessoas tomarem como exemplo os mártires da Igreja e a própria morte de Jesus. Jesus não morreu por causa de ninguém, nem para salvar ninguém. Ele veio dar o seu recado, e cada qual que ponha em prática se quiser "ser salvo".

Jesus morreu porque, como todo ser humano, é responsável por tudo de bom ou de ruim que acontece consigo. Ele teve aquele fim em decorrência de suas próprias crenças e convicções e porque seu espírito achou que era funcional para ele morrer naquelas circunstâncias, assim como todos os mártires, e muito provavelmente chegaram ao astral em condições ruins.

A história de Jesus, como nos foi passada, segundo o próprio Calunga, é bem diferente da história real, pois tudo está registrado nos arquivos acássicos do astral, exatamente como ocorreu. Mesmo porque ela foi relatada décadas após sua morte, numa época em que a escrita era coisa rara, e só então foram escritos os evangelhos.

Se histórias recentes de certos personagens são contadas cheias de fantasias, como a de Tiradentes e a de Lampião, quando a escrita já era disseminada, imagina naquela época? Depois outra, a bíblia foi traduzida do Aramaico para o grego, do grego para o latim e do latim para o português. Em cada tradução, quanta coisa não foi desvirtuada? Porque cada língua tem suas expressões peculiares. Em aramaico pode ter um sentido e em português, outro.

Sem contar que em dois mil anos de história, principalmente no início do cristianismo e na Idade Média, onde o poder do Estado se confundia com o poder da Igreja, quanta coisa não foi modificada para atender aos interesses dos dominantes?

Só para citar um exemplo, a reencarnação foi abolida no Concílio de Constantinopla, no ano de 552, pois Jesus acreditava na reencarnação, e há passagens na bíblia que deixam isso claro.

Uma delas foi quando curou em cego de nascença. Em outra, quando curou um paralítico, como diz no evangelho de João em 5,14: "Depois Jesus encontrou-o no templo, e disse-lhe: 'Eis que já estás são; não peques mais, para que não te suceda alguma coisa pior'".

Não diz que o paralítico era de nascença, como o cego, mas se a mensagem era válida para o paralítico, também seria para o cego de nascença.

Em ambas as situações, a dedução lógica é que os dois eram responsáveis por estar naquelas condições, responsabilidade esta que remonta à vida anterior. Poderíamos citar diversas outras menções bíblicas que evidenciam o fenômeno da reencarnação.

QUINTA LEI

Lei da funcionalidade: TUDO É FUNCIONAL

Tudo na natureza trabalha na funcionalidade. Se não é mais funcional, a natureza transforma, muda ou extingue aquela forma para dar origem a uma melhor e continuar a funcionalidade.

Assim tem sido a evolução do planeta e das espécies. Charles Darwin percebeu essa característica nos animais e nas plantas. Quando as condições naturais mudam, as espécies se adaptam.

É dele a frase: *"Não são as espécies mais fortes que sobrevivem nem as mais inteligentes, e sim as mais suscetíveis a mudanças"*.

Tudo que existe é porque é funcional. Então, tudo que está na sua vida de bom ou de ruim é porque é funcional. Quando cumprir sua função, se transforma. Você jamais vai tirar da sua vida enquanto não mudar suas crenças e atitudes.

A funcionalidade está diretamente ligada às crenças e atitudes de cada um. O nome disso é prova. Provar é experimentar. Experimentar é sensibilizar. É para isso que temos os sentidos. Os sentidos são os estímulos da vida, e sem esses estímulos não teríamos consciência, estaríamos dormindo.

Ora, a prova é aquilo que o leva a se desenvolver, a mudar suas crenças, sua postura interior. Se não fosse um estímulo desconfortável, não faria você se mexer. Uma dor pode durar quarenta anos e, do ponto de vista da vida, é uma bênção, segundo o grau de entendimento da pessoa.

Desse modo, a dor, o desconforto, a obrigação, tudo é funcional. A pessoa trabalha trinta e cinco anos sem gostar do serviço. Quando termina a prova, o estímulo, ela se aposenta. Não adianta. Enquanto aquilo for funcional, não vai passar. Tudo que você passou, como um acidente, um maltrato, uma obsessão, a falta de dinheiro, não tem nenhum culpado, não é castigo, não é perseguição das trevas. Trata-se apenas de estímulos, desafios, provas, porque para a vida é funcional. É a linguagem que você entende para seguir em frente e melhorar. Como você iria se esforçar por você se não fosse desafiado? Iria dar seu poder para todo mundo.

Logo, não adianta se revoltar, espernear, se queixar, se lamentar, dizer que não aguenta mais, porque, se precisar, vai voltar, até quando você estiver pronto. É quando você muda de visão, de ponto de vista, de crença que a coisa sai da sua vida. Tudo está certo, no tempo certo que você permite e, enquanto for funcional para seu espírito, aquilo vem de novo.

"Ah, então vou ficar em casa trancado e não vou fazer nada." Você não vai conseguir ficar sem fazer nada. Vêm as cobranças, as culpas e a obsessão. Não tem escapatória. Você não vai fugir da lei. Enquanto o ruim for funcional, ele vai fazer parte da sua vida.

Veja a perfeição da lei. Muita coisa na sua vida é boa e você sempre foi muito bem naquela área. É porque não tem nada a ver com alguma necessidade de desenvolvimento. Por outro lado, há uma coisa que desde pequeno vai e volta, vai e volta e não sai dali. Dizem que é a cruz, que é o carma. Não é nada disso. É apenas treino.

As correntes angélicas de luz sempre fizeram isso para haver justiça no desenvolvimento. É só a quantidade, até o momento em que você aprende e, então, aquilo que é indesejado desaparece imediatamente.

É por isso que muita coisa na sua vida sumiu do dia para a noite. Se você verificar, nesse tempo você desenvolveu virtudes, ou capacidades, ou habilidades, e, sem dúvida, aumentou sua estrutura interior.

Embora não ache ou não perceba, você nunca perdeu. Sempre ganhou. Alguma coisa você aprendeu com a experiência. Por isso as pessoas dizem que queriam ter vinte anos com a cabeça de hoje. Nada foi, nada é e nada será inútil. Se fosse inútil não existiria. Nem o fútil é inútil.

A dor existe para sair da própria dor. Essa é a função de Lúcifer: trazer as trevas para sair das trevas, porque a gente não entende outra linguagem para evoluir. Se a gente entendesse outra linguagem, a dor seria inútil. A evolução tanto se processa pela dor como pela lucidez. Mais uma vez, toda dor provém da ignorância. Entrou a luz, saiu a treva.

A lei da funcionalidade fica muito evidente na área relativa à vida afetivossexual das pessoas. Quanta ignorância, quantos conceitos equivocados norteiam essa área, cujas consequências dolorosas vão desde uma simples tristeza, passando pela solidão, à mais profunda depressão. Desde um simples nódulo a um câncer de mama, de útero ou de próstata, por exemplo.

Mas, é tudo funcional, até o aprendizado, o conhecimento se estabelecer. Não importa o tempo que dure a experiência, já que somos eternos. A funcionalidade da dor poderá perdurar a vida toda, continuar no astral e avançar até a próxima encarnação.

Sua vida afetiva está uma porcaria? A mensagem é a seguinte: não adianta, porque ninguém da qualidade que você quer vai chegar perto enquanto você não se casar com você. Seu querer é bom, então, quanto mais você quer, mais a prova vem para prepará-lo, para lhe dar estrutura para chegar aonde você quer.

Ah, ela quer um relacionamento afetivo? Então, seu espírito diz: "Vamos começar o treinamento". Por exemplo, se ela se dá na intenção de um retorno dos outros, como atenção, consideração, apoio, assim o espírito lhe arruma uma porção de filhos a quem ela vai se dar inteira. Quando crescem, vão todos embora e ela fica sozinha. Pediu, mas não tinha estrutura para sustentar seu pedido. Suas crenças não permitiam.

A ingratidão, no caso, tem sua função, que é largar os outros e cuidar de si. Dessa forma, a pessoa adquire estrutura adequada para viver harmonicamente um grande relacionamento afetivo.

Só a ingratidão pode fazer largar dos outros e centrar na gente. Cada ingratidão, cada mau resultado nos faz começar a largar os outros e procurar cuidar de nós.

"Deixa eu cuidar de mim porque esse povo não vai fazer mesmo." Não é isso? "Quer saber? Eu vou é cuidar de mim, eu vou fazer do meu jeito." E aquele aspecto da vida começa a ir em frente. Ou seja, a ingratidão é muito funcional.

Veja como a natureza é sábia. Aquele casamento desastrado, que teve início numa atração sexual irresistível, não foi obra do acaso. É a própria afetividade buscando a sua manifestação que vem do espírito, porque o espírito é amor.

Assim, ele nos coloca em situações conflitantes e dolorosas diante desse poder do amor para que aprendamos a lidar com essas forças poderosíssimas, para que avancemos no trato dessa energia fabulosa. E você conta para a amiga que passou isso, passou aquilo afetivamente.

É tudo treino. É tudo funcional, para criar uma estrutura adequada para ter aquele relacionamento afetivo de qualidade que você pediu a Deus.

Desse modo, o negócio é encarar de verdade a situação e perguntar: "O que isso quer de mim? Que crença, que atitude preciso mudar?". Aí você aprende, aquilo se torna inútil, obsoleto, isto é, deixa de ser funcional, acaba a necessidade, vai embora e aparece o novo mais harmônico.

Tem jeito de escapar dessas situações? Sinto muito, mas não tem como fugir da lei. Nem o jeitinho brasileiro consegue. Você só vai mudar aquilo quando chegar ao ponto certo.

Não adianta pedir aos guias, não adianta rezar, não adianta acender velas para Santo Antônio. Os guias só vão ajudar se você fizer sua parte, que é ter boa vontade, aceitar a situação sem revolta, partir para outra sem se lamentar. Isso é humildade e só é ajudado quem é humilde. Não aquela humildade vista pela sociedade, da pessoa pobre, submissa, de pouca cultura. Isso é puro orgulho, ou seja, o oposto da verdadeira humildade.

Os maiores orgulhos estão nas favelas, senão não estariam lá. Se você tiver essa postura, então os guias vêm com o apoio, com uma ideia, procuram tirar as trevas dali e limpar para lhe dar aquele impulso.

Portanto, não adianta nada pedir aos guias, a Deus para provê-lo disso ou daquilo, para tirar isso ou aquilo da sua vida. Enquanto a situação atual for funcional para você, ela vai perdurar. Ninguém tira as provas que lhe cabem. Não que os guias não interfiram, dizendo, por exemplo, que você precisa valorizar isso, aquilo, mudar essa crença, essa atitude.

Como os guias aconselham? Muitas vezes, quando você dorme, por meio da projeção astral, mesmo que você não saiba se projetar conscientemente. No dia seguinte você lê em algum livro, ou ouve alguém falando algo e percebe que aquilo é para você. Se você fizer o que eles recomendam, vai chegar rápido e a prova deixa de existir. Depende muito da sua verdade. É por isso que fora da verdade não há salvação.

Você tem que chegar à sua verdade. Quantas vezes você obteve uma cura atraindo um santo remédio? Quantas situações indesejáveis saíram de sua vida de uma hora para a outra e você nem sabe por quê? Por alguma razão qualquer, você mudou interiormente, a funcionalidade daquilo acabou e a prova foi embora.

Quer dizer que as trevas são úteis? A tentação, o tormento, as desgraças só existem porque são funcionais. Quando perdem a função, imediatamente cessam, nenhum minuto a mais, nenhum minuto a menos, porque você chegou aonde precisava chegar a partir da vivência daquilo sobre o que hoje você conta vantagem.

No Brasil, a gente só aceita, só tem mérito se houver sofrimento e dor, mas, enfim, aprende. Porém, há outras maneiras de se aprender que não seja pela dor: pela esperteza, pela inteligência, pela boa vontade, a boa vontade que já veio do sofrimento e a partir daí compreendeu melhor.

Tem filho que já vem criado. Você não precisa falar nada porque, logicamente, ele já passou por experiências dolorosas em outras vidas e ficou espertinho. Você dá uma oportunidade e ele vai que é uma beleza. Já, o outro, dá um trabalhão que é um negócio! Ele ainda não aprendeu e vai sofrer para aprender.

Não adianta protegê-lo, porque isso não tem a ver com você. Você pode dar orientações, mas não pode fazê-lo evoluir, porque é uma coisa só dele. Então, largue, deixe a vida cuidar disso, como se diz, entregue nas mãos de Deus. Em outros termos, entregue nas mãos da lei.

Cabe aqui esclarecer a funcionalidade das trevas. O arcanjo Lúcifer trabalha com as trevas para que a gente saia das trevas. Se a pessoa entende outra linguagem que não a do sofrimento para desenvolver certas habilidades, virtudes, faculdades, usando a inteligência, por exemplo, as trevas, que decorrem da ignorância, não interferem no processo dela.

O que vamos passar tem tudo a ver com nossas crenças, nossas escolhas, nossas atitudes e, quando certas situações impõem um sofrimento inútil, Lúcifer intervém nas trevas e não deixa que o inútil aconteça. Só o que for funcional.

Diante disso, ele pode atuar tanto contra as trevas quanto a favor delas? Não! Aqui só as trevas é que vão mudar isso. Assim, ele deixa o sofrimento, porque é funcional para a pessoa aprender. Se houvesse lucidez, não precisaria sofrer.

É, ninguém se perde. E se pensar que está perdido, um dia vai ter que se achar, custe o que custar. A lei cuida. Claro que ela não produz só o sofrimento. Ela traz muita gente dando exemplo, e quem aproveitar vai evoluir sem precisar sofrer, ou seja, vai evoluir pela inteligência.

A funcionalidade é muito inteligente porque é a própria inteligência dinâmica. Então, ela traz uma pessoa que lhe mostra como se deve proceder para não ter o mesmo fim.

Se você se ignora, a lei traz uma mulher infeliz, casada com um homem bonito, do tipo ideal para você, e você não entende que é uma mensagem para você acordar.

A vida vai mostrando, faz você conviver com gente com determinados vícios para que veja que tem semelhança com aquilo, uma tendência para aquilo. Gente mandona nasce com gente mandona. Isso é uma beleza. É um capricho da natureza para colocar você naquela família. Você não atrai só o que é seu semelhante, você atrai também o que é sua prova.

"Ah, eu quero prosperar." Ótimo! Então, chegou a sua hora. Aí aparece uma série de fracassos porque o fracasso faz ver suas deficiências para criar estrutura e ter a prosperidade que pediu. Você não vai chegar lá se não vir primeiro as deficiências, corrigi-las, para poder produzir o sucesso.

"Ah, eu quero ser livre." Para ser livre, tem que se bancar. Você se banca? Para se bancar vai ter que ver muita gente querer jantar em cima de você, invadir seu espaço, mandar, para desenvolver por si sua força de defesa.

Só se banca quem tem defesas. No dia em que você completar isso, não vai mais aparecer esse tipo de pessoa na sua vida porque, se aparecer, você encara. Não há mais necessidade. Aquilo não é mais funcional. Não é mais útil para você. Você aprendeu a lição, passou de ano e está mais livre.

Portanto, a dor tem sua funcionalidade, sua utilidade, senão ela não existiria, pois tudo que existe é funcional e útil. Se você não fosse estimulado pela dor, pelo desconforto, iria se dissolver. Você seria capaz de se entregar de tal forma para o ambiente, que perderia sua individualidade.

Por isso, ao se abandonar para fazer gracinha para os outros, para desempenhar um papel na sociedade, você recebe a visita da dor. Isso nada mais é que a reação de sua individualidade. Quando você começa a tentar rompê-la, ela berra através da dor. É como o mecanismo do corpo. Se começar a romper a pele passando uma faca, você vai começar a gritar de dor.

O sistema está bom, está tudo bem, em equilíbrio, aí você pega uma faca e passa na pele? É claro que vai ter uma manifestação de todo o sistema tentando conter o sangue, fechar o corte, avisar pra se proteger... Ou seja, vem a dor porque a integridade não pode ser ferida. O que quer dizer ferir? É tentar romper a integridade. A integridade não pode ser rompida, caso contrário, dissolveria todo o universo. Tudo se desestruturaria, porque tudo é unidade.

A unidade tem defesas fortíssimas. Por isso, no período de violência do ser humano, a reencarnação é um meio adequado e oportuno. O homem mata, mas não fere a individualidade do outro, porque ela sai. É um joguinho virtual. Vai para outra vida. Morre e vai para o astral, pois lá ele continua íntegro.

Os atos contra a individualidade são aqueles que causam as doenças, as dores que matam, que judiam. É fundamental que a pessoa fique do seu lado e não do lado dos outros, porque o que pode ser bom para um pode não ser para o outro.

Assim, quando ela vai atrás dos outros, está se violando e atraindo o sofrimento, mesmo sem ter consciência disso. A pessoa está com câncer, mas não sabe que se violou, porque ela guarda dentro de si as emoções que os outros fazem. Então, o sofrimento está alertando, está mostrando a ela para tomar cuidado, porque a dor obriga a ter cuidado, protegendo a individualidade, pois a dor é da integridade do ser.

Logo, é preciso fazer alguma coisa, já que existe o arbítrio, porque a gente não sente nada. Quem sente é a consciência. O cérebro registra e a consciência pega a dor que é para o eu consciente tomar medidas a favor da integridade. E quando se rompe a vida física pelo comprometimento do corpo, o espírito joga fora a porcaria que está agredindo o corpo físico e sai fora.

Embora a pessoa chegue ao astral com uma aparência ruim, ela não percebe que se trata apenas de um reflexo e não vê que está íntegra. É como o sol nos olhos ofuscando a visão. Só é reflexo. Não obstante alguém a olhe e a veja doente, acabada, quem percebe mais fundo sabe que ela não tem mais nada. É tudo do psiquismo dela, do achar que está, mas é só reflexo da vida física. A integridade está preservada. O ser humano mal consegue olhar para si, quanto mais dominar seu poder de impressão.

Tudo é evolução, tudo é regenerável, tudo é funcional. O poder de regeneração do ser humano é eterno. Não importa o tempo que se leve, tudo será regenerado, porque a manutenção da integridade do ser não pode se perder, não pode se romper e não pode sair do processo de evolução. O universo inteiro não permite.

Todo mundo vai se curar de tudo. O poder de regeneração já é capaz de muita coisa na matéria, mas fora da matéria pode tudo, porque todos vão durar pela eternidade. Você vai passar por milhões de fases para desabrochar, então, é preciso ter um mecanismo que o defenda. A pessoa passa a vida inteira sem o braço, mas chegando ao astral se regenera.

Há pessoas com defeitos físicos que no astral são perfeitas, como um cego de nascença, por exemplo, que, ao se desdobrar, enxerga perfeitamente. Ao dormir vai para o astral, e ao voltar para o corpo sabe tudo que viu, inclusive desenha. Essa é a maior prova de que a mente é extra-cerebral. A Ciência ainda vai descobrir isso.

Crença comum

"Eu rezo, peço aos guias e essa encrenca não sai da minha vida."

Lei da funcionalidade

Tudo que existe na vida da pessoa, toda dor que ela estiver experimentando, é porque ainda é funcional. Quando cumprir sua função, se transforma. A pessoa jamais vai tirar da vida dela enquanto não mudar as crenças e atitudes.

O nome disso é prova. Provar é experimentar. Experimentar é sensibilizar. É para isso que temos os sentidos. Os sentidos são os estímulos da vida, e sem esses estímulos não teríamos consciência, estaríamos dormindo.

Ora, a prova é aquilo que leva a se desenvolver. Não adianta rezar, não adianta pedir aos guias, não adianta chorar. Enquanto aquilo for funcional para a pessoa, de acordo com suas crenças e atitudes, não vai sair da vida dela. A lei da funcionalidade está intrinsecamente ligada à lei do crer.

Crença comum

"Sou azarado mesmo. Tem-me acontecido cada coisa! Acho que é castigo."

Lei da funcionalidade

Tudo que a pessoa passou, como um acidente, um maltrato, uma obsessão, falta de dinheiro, não tem nenhum culpado, não é castigo, não é perseguição das trevas, não é azar.

Trata-se apenas de estímulos, desafios, provas, porque para o espírito da pessoa aquilo é funcional. É a linguagem que ela entende para seguir em frente e melhorar.

Como alguém iria se esforçar por si se não fosse desafiado? Iria dar seu poder para todo mundo. Desse modo, não adianta se revoltar, espernear, se queixar, se lamentar, dizer que não aguenta mais porque, se precisar, vai voltar, até quando a pessoa estiver pronta, pois tudo está certo, no tempo certo que ela permite e, enquanto for funcional para seu espírito, aquilo vem de novo.

Quando estiver pronta, cai a ficha, ela muda de postura interior, muda um ponto de vista, uma crença, e aquilo não acontece mais na vida dela. Não há azar, não há sorte, não há coincidência, não há acaso. Há a lei da funcionalidade.

Crença comum

"Não sei por que ela sofre tanto. É uma pessoa humilde, ajuda tanto os outros, vive na igreja e está sempre doente."

Lei da funcionalidade

O conceito de humildade, do ponto de vista da sociedade, daquela pessoa pobre, submissa, vergonhosa, de pouca cultura, está completamente equivocado. Esse tipo de humildade, não raro, esconde um poço de orgulho, de revolta e indignação. Faz tipo pra ter uma imagem aceita pelos outros. Olha como ela é boa! Tudo que lhe acontece de ruim é culpa dos outros. Ninguém a entende. Vive em função dos olhos dos outros. Qualquer crítica a derruba. "Nossa, como você é uma pessoa boa!"; "Não, querida, são seus olhos".

Como ela não se considera, não se valoriza, não se aceita, vai procurar isso nos outros. Faz-se de submissa para não assumir suas próprias responsabilidades. Ou seja, é exatamente o oposto da verdadeira humildade.

Trata-se de uma pessoa tóxica, melosa, e no convívio diário é uma *mala* e vampiriza todo mundo. Mexe lá no orgulho dela pra ver se ela não mostra suas garras. Claro que ela sofre de solidão, de amargura, de autopiedade, vai contrair várias doenças, é digna de pena e fatalmente vai ficar sozinha, na depressão, abandonada ou, então, na companhia de outros orgulhosos que se sentem culpados e, como ela, não podem fazer feio abandonando a mãe ou o pai.

Os maiores orgulhos estão nas favelas, senão não estariam lá, porque a verdadeira humildade é irmã gêmea da prosperidade. A humildade sincera, a modéstia, se caracteriza pela aceitação dos fatos, de suas condições, da consciência de seus limites e da autorresponsabilidade. Uma pessoa assim anda de bem com a vida em todos os sentidos, sua energia contagia, e todos querem sua presença, pois se trata de alguém muito nutritivo. A vida trata a gente como a gente se trata e cada um está onde se põe.

Então, se uma pessoa está nessas condições de sofrimento, é porque é funcional para ela, até ela perceber, mudar de postura interior, de crença, de pontos de vista.

Se não conseguir nesta encarnação, vai precisar fazer no astral. Se não tomar consciência no astral, vai reencarnar com as mesmas consequências, porque ainda serão funcionais para ela, até aprender.

Crença comum

"Há o bem e o mal."

Lei da funcionalidade

Não há bem e não há mal. Há o bom, o agradável, o prazeroso, o satisfatório, e há o ruim, o desagradável, o insatisfatório, mas não significa que sejam o bem ou o mal.

Há o funcional. O mal é confundido com o que não é bom. "Ah, isso faz mal." O mal nada mais é que um bem menor. É o resultado da ignorância. Onde há ignorância, há trevas, ou seja, falta de luz, de esclarecimento, de lucidez. Onde há lucidez não há sofrimento.

Só é possível sair da ignorância por meio da dor que chamam de mal. A dor é altamente funcional, ou seja, o mal é altamente funcional. Quando um assassino, na sua ignorância, mata alguém, tanto para ele como para o assassinado é funcional. Ambos estão na ignorância e a vida, na sua sincronicidade, junta os dois para ambos aprenderem.

"Ah, mas o outro morreu." Não importa. Para a vida, a morte não é levada em conta, já que somos eternos. Visto por um ângulo superior, o morto precisava morrer e atraiu o assassino, pois cada um é cem por cento responsável por tudo de bom ou de ruim que ocorre em sua vida. Os espíritos de ambos acharam que era funcional ocorrer aquele fato. Em outra vida, o autor poderá ser pai do morto, ou mesmo de outros e devolver a vida que tirou.

Está tudo certo e perfeito na fantástica aventura da vida. Deus, assim como o espírito, que é uma extensão dEle, sabe de tudo, é justo e não erra, por isso não interfere.

Não há nenhuma condição, não há acaso, não há coincidência, não há sorte, não há azar, não há o bem, não há o mal. Tudo é funcional e sincrônico, e há o espírito que tem toda sabedoria, todas as respostas e todas as soluções.

MENSAGEM
DO CALUNGA

Neste momento eu me integro com a lei, me equilibro... Equilibrar não é parar e ficar igual sempre. Equilibrar é agir na lei. Quem age na lei tem equilíbrio, fluxo no bem, fluxo produtivo, com resultados bons, realizadores.

Neste momento eu me integro com o universo em mim. Honro a minha unicidade, passo a olhar a todos como únicos. Honro a perfeição da vida e sei que a vida de todos é perfeita para eles. O corpo que tenho é que passa o que vive e que viveu. Família, situações, tudo caminha na perfeição da lei.

Tudo muda e isso me ajuda a me libertar da inutilidade das memórias traumáticas, dominando com isso o meu poder de impressão, a minha flexibilidade em caminhar constantemente para o novo e me habituar com o novo na plenitude de cada momento.

Na consciência plena da sabedoria que abraço agora, tudo muda, se expandindo e melhorando.

Acalmo minhas expectativas, dissolvo as exigências inúteis e impossíveis, busco a compreensão e o entendimento da minha individualidade no respeito ao meu tempo e às minhas reais condições.

Honro a Deus honrando a minha própria criação. Curvo-me diante da minha própria perfeição como parte de tudo. Eu fui o sopro e o vento. Continuo a reproduzir constantemente a expressão da lei que é o sopro divino.

Tudo vai para o melhor e eu estabeleço a minha segurança, sabendo conscientemente que o daqui a pouco será melhor que o agora, sem ou com provas, e que eu as enfrentarei com classe e dignidade no respeito e no agradecimento da oportunidade de poder me expandir, aprender e me aperfeiçoar, me libertando da ignorância e possuindo meus dons de vida.

Eu evoluo na transformação constante, meus genes evoluem, minha estrutura evolui.

Quando a força do meu espírito já não achar proveito no corpo, ele se tornará inútil e eu o deixarei, pois a morte é o momento em que me liberto daquela prova que estava prescrita para minha encarnação, ficando todas as chagas no corpo, e eu me liberto puro, no conhecimento adquirido, rumando para novas aventuras, novas aprendizagens.

As transformações virão porque elas fazem parte de tudo e de todos. Mesmo que elas não sigam para o caminho que eu sonhava, elas sempre me levarão para onde está o melhor de mim e o melhor de tudo. Eu sinto a perfeição fluindo em mim e me levando para o melhor, seja qual for a minha reação.

Meu arbítrio é força do universo a compreender e a me colocar cada dia mais a agir de acordo com a lei.

Abençoo as provas que já tive, pois delas tirei o que sou. Abençoarei as próximas, porque saberei que delas eu tirarei o que serei.

Tudo é mérito, tudo vem da vivência e da experiência. Eu não me iludo mais dissolvendo as ilusões de um mundo que não é possível agora, mas ao mesmo tempo em que perco as esperanças de um sonho, descubro que já estou dentro do próprio sonho, porque a perfeição é um presente extraordinário que eu carrego em mim, como todos carregam.

Ha forças extraordinárias que me guiam e elas são a inteligência cósmica, por isso eu harmonizo meu coração, minha mente.

Quando olhar a vida, quando estudar as situações, quando me estudar, eu aplicarei o meu conhecimento, e assim a verdade se revelará numa compreensão profunda de tudo e de todos, me fazendo sábio, me fazendo calmo, me inspirando como agir nas diversas situações.

Sim, eu recebi um presente hoje: a consciência da verdade, e que ela se torne cada vez mais consciente dentro de mim, e que seja revelado tudo que é necessário para mim, neste meu momento de vida, para que eu atinja aquilo que meu espírito quer e saia daqui realizado pela conquista que obtive, porque é para mim e por mim que tudo está aqui.

Tudo que se estende na minha vida é especial para mim, e isso me deixa pleno de satisfação e alegria, e vai demolindo dentro de mim toda revolta da ignorância, todos aqueles fragmentos de uma vida sofrida, porque a ignorância dói quando não consigo entender, pois as coisas são como são e, sem entender, não posso cooperar e fazer.

Mas, a partir deste momento de compreensão, vou me inspirar a atuar diante daquilo que solicito no meu trabalho de arbítrio, cooperando com o universo e com a minha própria vida.

Chegará o momento em que jamais farei coisas contra, mas tudo só a favor, e é para isso que estou nesta escola de luz, de libertação e consciência.

Por isso eu escolhi, por isso eu chamei o que queria e aqui está a resposta do meu chamado. Eu criei este momento e este momento está se fazendo em mim por meio do meu esforço, do meu próprio crescimento, do meu próprio arbítrio, da minha própria vontade, do meu espírito.

Nunca serei abandonado. O universo sempre estará cuidando de mim da maneira que for necessária para mim.

Tudo vem na hora em que eu amadureço para aquilo, que é a minha hora certa. Que minha fé na vida seja feita de inteligência e não de ignorância.

Fique na paz.

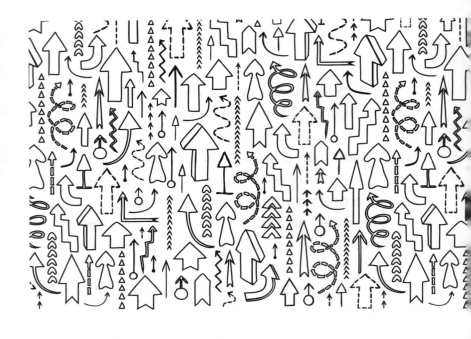

SEXTA LEI

Lei da conexão: TUDO ESTÁ LIGADO

Tudo está ligado a tudo. Tudo é energia em vários níveis. Tudo é energia que se liga com os átomos do ar, os átomos do ar se misturam e se ligam aos átomos de todos.

Do ponto de vista físico, todos estamos ligados através do ar, da terra, da atmosfera. Psicologicamente também é a mesma coisa. Você pode estar aqui e estar ligado à outra pessoa lá na Europa através do pensamento, e pensamento é energia. Quando alguém faz uma ligação telefônica, está literalmente ligado ao outro.

Não existe o vazio, o nada absoluto. Nem o vácuo é vazio, porque passa energia através dele. A Terra está ligada a todo o universo, assim como todos os corpos celestes estão. Hoje os cientistas sabem que o escuro do universo não é um nada, mas matéria, e o chamam de matéria escura.

Esse conceito se choca com a ideia que temos de individual. Individual não quer dizer separado, mas agindo individualmente e ao mesmo tempo interagindo com todos. Somos todos Um, porém, individuais. Somos todos Deus Se expressando individualmente.

Temos o consciente e o inconsciente. O que é consciente está mais próximo, mais acessível e a gente pode perceber. O que está no inconsciente está mais distante e menos acessível, mas não deixa de influenciar nossa vida, pelo fato de tudo estar ligado.

É no inconsciente que escondemos as mágoas, as culpas, os ódios, os remorsos. De vez em quando aquilo sobe para o consciente, então percebemos que lá embaixo tem coisa escondida, porém ainda estamos circunscritos na faixa da consciência.

A consciência depende do quanto estamos na ilusão, na fantasia, na bobeira. Agora, se estivermos na lucidez, no real, mais temos consciência das ilusões e fantasias. Assim, vivemos nesse estado oscilante entre o ilusório e o real.

Estamos inseridos num ambiente mental, universal, em que nosso corpo mental funciona como o pulmão para a atmosfera. O pulmão é da gente, mas a atmosfera é de todos. O corpo mental é meu, seu, mas o material mental é coletivo.

Está tudo ligado e você não vai conseguir se desligar, mas é possível colocar ordem e disciplina e se destacar da mente coletiva. Destacar, neste contexto, não é se desligar.

Assim, você está ligado ao amigo, à família, ao inimigo, àquele que você odeia, àquele que foi embora. Não há intenção, não há contato, não há consciência, mas está ligado. Por ódio ou por amor, por simpatia ou antipatia, o intercâmbio psicoenergético se verifica, seja com encarnado ou desencarnado.

Porém, depende de você para haver o contato. É como uma linha telefônica. Ela está ali disponível, mas o contato depende de você. Encerra-se a ligação cessando o contato, mas a linha continua ali.

O problema é com a individualidade. Você olha ao seu redor, percebe as coisas, verifica como tudo é diferente de tudo, embora esteja tudo ligado. Essas diferenças é que caracterizam a individualidade. O fato de você estar conectado com todo o universo não tem nada a ver com ser individual.

A individualidade não é separação, mas diferença. Todos estão ligados a todos, mas cada um é único. Cada um tem seu jeito de ver as coisas, de sentir, de se expressar. Veja na área sexual. Todos os homens são do sexo masculino e todas as mulheres são do sexo feminino, mas cada um tem sua própria sexualidade.

O negócio é disciplinar a mente individual que, quando ligada ao espírito, é dotada de um poder infinito, para que não seja levada pela mente coletiva, ou seja, você detém o controle, você está no domínio.

Como tudo está ligado a tudo, esse controle é fundamental. Só assim você vai conseguir se destacar e construir uma realidade próspera, independentemente da realidade coletiva que está aí, que não deixa de ser dura e difícil, pois é alimentada pelas crenças individuais que, cá entre nós, não primam pela qualidade.

A mente é um aparelho maravilhoso que não precisa de espaço nem de tempo. Tanto é que ela dá problema quando queremos pô-la no espaço-tempo. Então, vem a angústia ao conectarmos com o passado e a ansiedade ao conectarmos com o futuro; e controlar a ansiedade é uma tarefa nada fácil. Daí a necessidade de disciplinarmos a mente, para fazê-la trabalhar a nosso favor. Se a mente não tiver disciplina, ela vai trabalhar contra nós.

Veja como é lindo nosso corpo, nosso ser cheio de dons. Podemos entrar em contato com tudo, passar por tudo, e ainda sermos nós, não nos dissolvermos na coletividade. Transformamo-nos, mas nunca deixamos de existir.

Essa é a lei da conexão. Tudo é função. Quanto mais você liga para alguma coisa, mais ela se repete na sua realidade. Quanto mais você despreza, quanto mais você não liga, quanto mais você solta, mais ela deixa de existir.

Podemos inferir disso que, quanto mais você perde o contato com o coletivo, embora continue ligado, mais você vai adiante, mais se destaca e mais prospera, pois está valorizando sua individualidade, e não há nada que mais agrade o espírito que investir na individualidade. Ele entende isso e faz sua vida prosperar.

Por isso só tem sucesso quem é diferente. É devido a este fato que quem está no coletivo, no senso comum o tempo todo, é mais um deles, isto é, mais um comum. O espírito não gosta do comum, já que ele tem todas as possibilidades, já que ele é o divino em cada um e pode fazer sempre o diferente. Pode fazer semelhante, mas igual, nunca.

A individualidade é uma característica, uma qualidade, mas não há limites, não há separação. Por exemplo, se você estiver falando com um médium incorporado, você, o médium e a entidade têm ligações físicas, e por mais que se movam no universo da matéria, essas ligações não são simplesmente materiais.

Há uma quantidade enorme de universos paralelos juntos, em níveis de frequências diferentes, mas todos vibrando aqui. Se num nível todos parecem separados, no nível mental estão unidos. A entidade está no plano astral, enquanto você e o médium estão no plano físico.

Se houvesse diversas entidades de diferentes universos, incorporados em diversos médiuns, todos estariam aqui. Do ponto de vista físico, separação maior não é possível, mas você, os médiuns e as entidades estariam unidos no mesmo astral do mental, não apenas pela mente, quando a entidade manifesta as palavras, mas pela sensação da presença. A sensação da presença une a todos.

Há certos conceitos espirituais concernentes ao divino, e um deles é a presença. Nosso espírito é a ligação com o divino. A qualidade de presença é divina. Então, você está aqui e em toda parte, já que você é presença divina e Deus está em tudo.

Você tem que compreender que tudo que é visto pelo ângulo da matéria densa é uma coisa, pelo ângulo da energia é outra, pelo mental é outra, e pelo espiritual é outra, mas tudo vibrando junto. Se num momento algo está separado de algo, por outro ângulo estão superunidos. Haja quantos níveis houver, o espiritual conecta todos, uma vez que o espírito é Deus e, obviamente, Ele está ligado a tudo.

Desse modo, se estamos unidos pelo espírito, por que o seu é o seu e o meu é o meu? Individualidade não é um espaço com cerquinha em volta. Não é um ovo com casca. É qualidade, atributo, princípio. Então, não existe verdadeira separação de nada.

A rua aqui é de um jeito, no quarteirão seguinte é de outro, no terceiro é de outro, mas a rua é sempre a mesma, e assim acontece no mundo inteiro. Onde você for é diferente, cada lugar, cada centímetro do planeta é diferente um do outro, só que tudo é solo.

A gente separa as casas, as ruas pelo muro, mas isso é apenas um conceito. Individualidade, além de conceito, é qualidade. Ela não é física.

A individualidade existe, se expressa fisicamente com pontos de delimitação, mas é uma forma de expressão e não a natureza íntima da individualidade. Num nível mais amplo da mente, eu sou você e você sou eu. Se eu estiver do seu lado e eu mudar, você vai ter que mudar também. Se você mudar, eu vou ter que mudar, principalmente porque nós estamos próximos.

Nessa linha de raciocínio, quando você melhora, você melhora o mundo inteiro, e quando você piora, também piora a humanidade toda.

Não tem jeito. Não há isolamento. É apenas uma experiência de uma ilusão voltada ao limite da percepção. Você não vê ninguém próximo e diz: "estou só". É que você apenas não está enxergando, porque os espíritos estão lá, alguém está olhando você por trás daquela janela e você não está vendo.

As pessoas acreditam que individualidade é cerca, separação. Mas se você não pensar assim vai entender o que é a individualidade. Ela não pode ser separada, porque nada está separado de nada. O Brasil está separado da África pelo oceano. Lá é uma coisa e aqui é outra, mas estão ligados pelo solo do fundo do mar, pela atmosfera, pelo ar.

A individualidade é um atributo da diferença. A individualidade é diferença, que é um fenômeno da percepção. Não é física, mas espiritual. Você olha para o objeto e percebe um celular. Ele não é nada. É apenas um fenômeno na sua consciência. Ele não existe. É sua consciência que aglutina as partículas cósmicas e lhe dá o sentido do aparelho daquela forma.

Na verdade, nada é o que existe. Não é bem um nada, mas um fluido cósmico, o fluido de vida. O universo é feito desse fluido chamado fluido vital, porque dele se faz a vida, a matéria. Esse fluido de vida é estranho, pois a natureza dele pode ser qualquer coisa sem ser nada, e só aquilo que for nada poderá ser tudo.

Há o princípio vital e o princípio espiritual, e um na presença do outro faz o real. Um sem o outro não é nada. Um é luz, o outro é sombra. Tudo é a consciência dos espíritos todos do universo, de múltiplas formas.

Ora, se os mundos existem independentes da sua possibilidade de mudá-los, se eles parecem estar lá fora, é porque outras consciências os estão fazendo. "Ah, mas por que eu vejo também?" É porque as consciências estão todas conectadas. Se eu crio pegando um lápis e fazendo um desenho, você vai ver porque nós estamos na mesma consciência.

As consciências sempre trabalham em contextos consensuais. Numa sala tem mesa, tem cadeira, tem computador, eu os percebo e você também os percebe. A mesa é branca, a cadeira é areia. Eu sou um, você é outro na qualidade individual, porém nós estamos num consenso.

Nossa consciência está na mesma frequência, porque ela está unida. Ela sempre está conectada com aquilo que está próximo, daí nós dois vermos as mesmas coisas. Se eu vejo um detalhe num quadro e pergunto se você tinha visto, você diz que não, mas agora você passa a vê-lo porque eu lhe trouxe para o meu nível de consciência e fizemos um consenso.

As consciências se ajudam e se interdependem. Então, na consciência nós estamos todos ligados, senão não perceberíamos o mesmo mundo. O fato de você ter a sensação de ser um é uma qualidade do espírito.

Tudo é único e ao mesmo tempo tudo está ligado. Se não houvesse essa ligação constante de toda a consciência, não teríamos a noção de individualidade, porque eu só posso ser eu se você estiver aqui.

É na lei da conexão que funcionam as técnicas de projeção da prosperidade. Você mentaliza algo, se põe no seu melhor, no seu positivo, o contato é feito, você continua alimentando e aquilo vai se aproximando, encurtando distâncias, até que se materializa na sua vida.

O oposto funciona da mesma forma, aliás, até com mais rapidez. A pessoa negativa está conectada no coletivo, no baixo astral, fica alimentando aquela ideia, aquele medo, aí a falta de dinheiro, a falta de saúde e a falta de paz se materializam na vida dela.

A lei da conectividade diz respeito a uma relação de troca porque, se eu estou conectado com você e você está conectado comigo, eu preciso fazer coisas e você também precisa para que a gente fique no mesmo processo. Se eu falo algo, você vai compreender. Se você fala, eu preciso captar e compreender.

Tudo no universo é uma troca. Tudo tem uma ordem para que haja a comunicação.

Então, a interação e as ligações obedecem a leis interativas. As ligações obedecem a um código de leis que se estabelecem em vários níveis.

Primeiro, o código vai alterar suas regras de acordo com um nível, o que está entrando em contato com o quê. Quando você interage com o computador, vai ocorrer uma relação. Esta relação mostra uma conexão. Quando você trabalha no computador e olha para ele, ele existe para você, mas você também existe para ele. Você percebe e ele também. Se sua energia não estiver boa, ele se ressente de alguma forma.

Qualquer aparelho, seu celular, sua carteira, seu carro, tudo tem uma relação de troca. Dessa maneira, conforme você age com esses objetos, eles agem de alguma forma com você.

Na área da prosperidade, nós estamos nos relacionando, porque nela nosso espírito está movimentando recursos do ambiente. Estamos transformando elementos mais sutis em elementos mais materiais. Desde a ideia primitiva do dinheiro até sua materialização numas conchinhas foi toda uma materialização da inteligência humana.

Portanto, tudo é inter-relação. Quando você muda sua frequência, você muda a frequência das coisas que estão ligadas a você. Se você perceber essa ligação constante, vai fazer com que essas coisas em que está ligado lhe produzam o que você quer.

Desse modo, quando você vai fazer qualquer coisa, se entrar com amor, sai legal. Se fizer com pressa, sai uma coisa estragada. Quando você quiser o melhor das coisas com que se relaciona, você também tem que pôr o seu melhor, como amor, carinho, boa vontade.

Quando agir assim, estará pondo a confiança e estimulando tudo com que estiver se relacionando, ou seja, o dinheiro, o trabalho, os objetos, as pessoas, o que estiver à sua volta, e tudo isso responderá à sua frequência.

Dessa forma, a pessoa interessada em prosperidade tem que compreender que o mundo todo está ligado a ela, principalmente as coisas de que tem posse ou com que tem relacionamento, como o carro, a roupa, a casa, o trabalho, o banco, o chefe.

Se você é muito submisso a seu chefe, vai andar pela prosperidade dele, porém se você respeita sua função, mas não é submisso aí dentro de você, vai andar pela sua frequência e até o chefe vai se beneficiar. Se ele não estiver bem e você ficar na sua, falar isso, aquilo, de repente ele fica bem e, com o tempo, até o promove, e mesmo que não trate de nenhum assunto, a ligação se processa só na base da energia e o ambiente todo se beneficia.

A ligação, querendo ou não, é constante. Se a ligação é constante e você tem o arbítrio, pode receber uma coisa ruim, rejeitá-la e continuar numa boa. Quanto mais você age assim, mais supera os transtornos, porque o bem sempre supera o mal, na forma que você entende o que é bem e mal.

Na questão da prosperidade, como você está o universo lhe responde. O universo visível é o que você espera, o que você vê, toca na sua consciência aqui neste momento, ou aquilo que você se lembra, sua casa, seu serviço, sua família, suas posses.

No entanto, existe outro universo que está conectado a você, que é aquele que você ainda não tem materializado, qual seja, o potencial. Todo mundo é detentor de um potencial infinito, que é um legado divino, já que cada um é a extensão do Criador.

Em outras palavras, somos todos herdeiros de Deus só pelo fato de existirmos. Ao sintonizar o potencial e estimulá-lo pela sua crença, ele flui. Ele já está aqui. Já está ligado a você. Sua riqueza está aqui. Tudo já é.

Então, não é só o que você tem como posse agora, mas aquilo que você considera seu no mundo potencial. Essa é a chave. Quando você trabalha com o potencial de futuras riquezas, você está fazendo com que seu espírito faça a conexão. Aí, ele vai fazer e puxar a coisa para o seu lado. É pura magia.

Nunca vá pelo entusiasmo fugaz. Você tem uma oportunidade de comprar o carro dos seus sonhos. Daí alimenta uma porção de pensamentos na sua cabeça, que você tem que isso, que aquilo, será que...?

Essa insegurança, esse medo emperra a compra. Você acredita que tudo que você tem é só o que você tem. Para o seu espírito, o negócio é só conservar como está e o carro não se materializa na sua vida.

Tudo está ligado. O futuro está ligado. As fontes de riqueza procuram e vão para aquele que as pegue. Está tudo aí, mas a criatura não percebe que este mundo de que estamos falando não é o mundo material denso, mas o mundo das energias e das ligações.

Tudo está ligado com tudo, mesmo que não seja no nível material. Tudo depende das conexões que você faz com sua fé, com suas crenças. Lembre-se sempre de que, ao tempo em que você se impressiona muito com as desgraças à sua volta, há outra coisa muito mais forte: Deus nunca vai deixar lhe acontecer nada de mal. Seu espírito obedece ao seu comando e não deixa.

Quando se fala de prosperidade, fala-se de tudo que diz respeito ao seu bem-estar, à harmonia, à paz, à abundância, não apenas na área financeira, mas na área profissional, nos relacionamentos familiares, afetivos, sociais, profissionais e na saúde física, mental, emocional e espiritual.

Assim, tudo que foi dito antes com relação à prosperidade financeira vale também para todos esses aspectos da sua vida.

Crença comum

"Graças a Deus ele foi embora, assim não perturba mais!"

Lei da conexão

Estamos inseridos num ambiente mental, universal, em que nosso corpo mental funciona como o pulmão para a atmosfera. O pulmão é da gente, mas a atmosfera é de todos.

É dessa forma que a pessoa está ligada ao amigo, à família, ao inimigo, àquele que ela odeia, àquele que foi embora. Não há intenção, não há contato, não há consciência, mas está ligada. Por ódio ou por amor, por simpatia ou antipatia, o intercâmbio psicoenergético se verifica, seja com encarnado ou desencarnado.

A maioria dos problemas emocionais, psicoespirituais e até físicos, se deve às ligações energéticas. A ligação energética favorece o vampirismo energético. A pessoa está bem, de repente começa a ter uma série de sintomas, vai ao médico e não descobre nada. Ela está sendo vampirizada ou até obsediada, porque a ligação energética também facilita a obsessão.

Por que ocorre a ligação energética? A ligação de qualquer forma existe, mas o vampirismo energético depende da pessoa. É como uma linha telefônica. Ela está aí, mas a pessoa pode ou não fazer a ligação. Ela é vampirizada quando deseja ou sente algo do outro, como carinho, amor, raiva, apoio, alguma explicação, consideração, inveja, ciúme, aprovação, aplauso, companhia. Tudo isso é uma agressão à individualidade.

O remédio mais eficiente para evitar o vampirismo energético é a posse de si. Ter posse de si é se aceitar como é, é se pôr em primeiro lugar, é perceber que o que sente é mais importante do que o que as pessoas falam, é não assumir o outro, é sentir que é ótimo, perfeito, corajoso e ousado, sem se criticar, sem se culpar, sem se condenar, sem se contrariar, respeitando suas vontades e seu temperamento.

Quem tem posse de si não reivindica a consideração, a atenção, o apoio, o amor do outro com a intenção velada de se sustentar. Em vez de reivindicar, faz pra si. Em quem tem posse de si não há mau-olhado, não há macumba, não há obsessão, não há inveja, não há trabalho que pegue e não é sugado pelo vampirismo energético.

Crença comum

"Meu universo é minha família, minha casa, meu ambiente, meu trabalho, minhas posses."

Lei da conexão

Somos o Todo, porém individuais. Tudo está ligado. Tudo isso faz parte do universo visível da pessoa, mais o que ela espera, o que vê, o que toca na consciência no momento ou na memória.

Todavia, existe outro universo que está conectado a todos, que é o que ainda não foi materializado, qual seja, o potencial. Todo mundo é detentor de um potencial infinito, que é um legado divino, já que cada um é a extensão de Deus.

Em outras palavras, somos todos herdeiros de Deus só pelo fato de existirmos. Ao sintonizar o potencial e ao estimulá-lo pela crença, ele começa a fluir. Ele já está aqui. Já está ligado a cada um de nós. Então, não é só o que temos como posse agora, mas aquilo que consideramos nosso no mundo potencial. Essa é a chave.

Quando trabalhamos com o potencial de futuras riquezas, estamos fazendo com que o espírito faça a conexão. Aí ele faz e se dispõe a puxar a coisa para o nosso lado. É pura magia.

SÉTIMA LEI

Lei do crer:
TUDO DEPENDE DAS CRENÇAS

Tudo na vida segue a lei do crer. Tudo que existe passou pelo crivo de alguma crença. Quer dizer que, se eu faço alguma coisa porque tenho determinada crença sobre aquilo, vai ter tal consequência.

Toda escolha encerra uma crença. Você está sempre escolhendo com base nas suas crenças. "Ah, não quero escolher nada." Já é uma escolha, já é uma crença. Assim, a ideia de carma deixa de fazer sentido. Ninguém está pagando nada, nem resgatando nada. Simplesmente está no resultado obtido pelas escolhas individuais. Se você mudar a causa, que é uma crença, obviamente a consequência terá outro direcionamento.

No fundo, tudo depende de suas crenças. Crenças pobres geram frutos pobres. Crenças nobres geram frutos nobres.

Troque o verbo fazer por *acreditar*. Não é porque faço isso que terei aquilo, mas porque acredito assim que terei ou serei assim.

Por que geralmente as pessoas repetem as situações na vida delas? Porque estão sempre alimentando as mesmas causas e obtendo as mesmas consequências. As causas são as crenças que cultivam.

Por exemplo, alguém que quer prosperar na área financeira, mas cultiva crenças pobres com relação à riqueza e ao dinheiro, como "o dinheiro é a causa dos males da humanidade; o rico é rico porque rouba; o pobre é mais digno que o rico; o rico já nasce rico; dinheiro só se consegue com muita luta", então essas crenças estão em conflito com aquilo que a pessoa deseja, que é ser próspera financeiramente.

No subconsciente da pessoa, que é a parte do espírito que faz as crenças se tornarem realidade, há crenças divergentes à sua vontade, e dessa mistura toda não vai sair uma consequência boa na realidade da pessoa.

Sua vontade é anulada pelas crenças contraditórias, ou seja, as causas pobres sempre vão gerar consequências pobres, como a falta de dinheiro ou o dinheiro sempre contadinho.

Nunca vai ter dinheiro suficiente para investir em projetos novos. Não há disciplina nenhuma nas causas, e o sucesso e a prosperidade, que dependem totalmente da disciplina interior, jamais se materializarão na vida dessa pessoa.

Quem muda as causas é a pessoa por meio de seu arbítrio, escolhendo acreditar nisso ou naquilo. Dessa forma, ninguém faz nada por ninguém. Ninguém consegue mudar a vida de ninguém.

O máximo que se consegue é ajudar, e se a pessoa não estiver preparada, aberta para mudar a crença, nem a ajuda adianta. Essa ajuda consiste numa palavra, num conselho, num ensinamento e então, quem estiver aberto, toma aquilo, põe em prática e sua vida muda completamente.

Tudo depende do crer. A filha é assim porque pegou a crença da mãe, que pegou da avó, que pegou da bisavó. A causa, uma crença que estava lá nos antepassados, continua presente gerando a mesma consequência. Tal pai, tal filho.

A morte ou a reencarnação não mudam nada o processo. O que a gente leva quando morre? Só as crenças. O que a gente traz quando reencarna? Só as crenças, ou seja, só as causas que redundarão nas mesmas consequências que serão as causas que serão as consequências, e a vida da pessoa fica dando voltas, se repetindo, se ela não mudar as causas. Ninguém escapa da lei do crer. O bom desta lei é que a gente pode mudar, por meio do arbítrio, com base na experiência de uma causa que gerou uma consequência ruim.

Nada vem do nada. Tudo tem uma crença que gera uma consequência. O ser humano usa o "nada" só para dar um nome ao espaço que ele não percebe, mas ali tem coisa. A gente evolui e os "nadas" vão sumindo. Cada vez que evoluímos, os "nadas" vão sumindo e, sabendo, vamos percebendo que tudo que pensávamos era fantasia, que a verdade é outra.

Sua vida é um caminho construído de acordo com suas crenças que vai fazer você evoluir, e não vai conseguir fugir dele. Como tudo está ligado a tudo, tudo que estiver à sua volta pode influenciá-lo e você pode influenciar tudo.

Você é um mar de força. Você acha que vai, mas está parado e as coisas é que vão passando por você, e assim seu espírito vai tomando aquilo como sua verdade e você evolui. Você nunca saiu do lugar. Foi a vida que passou por você.

Eu tenho o meu e você tem o seu, e essa arrogância de querer mudar o mundo, separando isso daquilo, não tem nenhum sentido. A gente precisa aprender a lidar com o mundo e não achar que se separar dele, feito um monge, é a solução, porque vai acabar numa fantasia, e o resultado só pode ser a desilusão. O negócio é aprender a lidar com as coisas.

É por esse motivo que sua consciência não pode, de uma hora para outra, se iluminar e ver tudo. Você piraria, pois não tem estrutura para lidar com tudo isso ainda. Assim, você vai evoluindo aos poucos, mudando seu crer, lidando com isso, com aquilo e achando tudo ótimo. Você que achou que nunca ia conseguir mexer naquele computador, hoje não larga dele. O que era complicado, hoje é um brinquedo e você não vive sem ele, porque mudou sua crença a respeito.

A vida é sempre cheia de novidades e tudo se processa de acordo com as crenças, em qualquer nível, em qualquer dimensão, em qualquer planeta, em todo o universo. Nada acontece num estalo de dedos.

Tudo é conquista e mérito, mas na sua devida hora. Tudo é trabalho e você cresce naturalmente.

Para aprender, tem que mexer no crer. Pode ser que você tenha um grau de inteligência maior e aquilo vem mais fácil, mas tem um crer por trás.

Por outro lado, pode complicar bastante exatamente por ter o poder da escolha. Fugir da aula de Inglês porque era muito orgulhoso e não queria falar besteira na frente dos outros deixou você burrinho e a vida ficou mais pesada.

O orgulhoso arruma encrenca porque não quer mudar o crer. Assim, não vai obter a virtude, a qualidade, a faculdade e a habilidade respectivas. Todos têm que pagar o preço. Cai do céu? Não. É o crer que faz. Se caiu do céu foi porque a pessoa chegou num ponto que já pode provocar aquilo. Já cresceu, já evoluiu, já fez a mudança de ponto de vista. Trabalhou as ideias, ficou próspero e agora o dinheiro aparece de todos os lados.

Portanto, pare com esse negócio de culpa, achando que devia, que não devia. Se não deu, foi simplesmente porque havia uma crença contraditória. Só isso. Você volta, reestuda, revê e vai, senão não vai.

A ideia de carma, na lei do crer, não faz o menor sentido. Se você fez alguma coisa errada, ou seja, algo que teve consequências negativas, primeiro a lei avalia tudo que estava em jogo. Sua capacidade do momento, sua capacidade de compreender o momento, aquilo para que você foi ou não foi treinado, aquilo que você sabia ou não sabia.

Além disso, aquilo foi o melhor que você podia fazer na época? Se foi, nem pensa. Você pode ter visto depois que foi errado, mas na época foi o melhor. Portanto, foi perfeito e a vida trouxe o melhor para você. Segundo, se o seu ato lesou alguém, essa pessoa era lesável. Ela não estava fazendo o melhor dela.

Então, aquilo que ela recebeu foi consequência da negligência dela. Ela foi a responsável, não você. Cada um, junto com seu espírito, é cem por cento responsável por tudo de bom ou de ruim que ocorre em sua vida.

A lei sabe como cada um pode, a cada momento, fazer o seu melhor, de acordo com as condições reais e não ideológicas. Vaidade moral não é real. Moralismo não conta. Conta o que você fez, viveu e sentiu.

Agindo assim, a natureza preserva a integridade justa de cada um. Aquela pessoa só passa aquilo porque só deve a si mesma. Aquela que não deve a si mesma, por mais atrasado, violento e vil que seja seu ato aos olhos dos outros, ainda assim está inocentada porque é o nível de condição dela. E a pessoa que sofre o ato é responsável porque tem crenças negativas no subconsciente. Se não tivesse, nada iria atingi-la.

Não é todo mal que atinge. Só atinge as pessoas atingíveis, não importa se adulto ou criança, pois a criança reencarna sob os efeitos das crenças constituídas em outras vidas.

De acordo com a lei, ninguém escapa. Vai levar conforme aquilo que fez, nem mais nem menos. Não há proteção para aqueles que já sabem. Para os inocentes e atrasados, há proteção proporcional à sua ignorância. A natureza seleciona tudo. Não acontece nada sem a vontade da lei. "Não cai uma folha sem a vontade do Pai."

Diante disso, tudo está **justo**, conforme a lei do crer, a lei da integridade, a lei da defesa, da individualidade. Todas as leis estão inter-relacionadas, e a inter-relação só é possível se houver comprometimento da pessoa. Se não houver, a lei separa a pessoa do agressor ou da situação agressora, como um acidente, por exemplo. Ela só junta se a pessoa tiver a ver. Se não tiver, ela separa e não acontece nada.

A bala desvia e não a atinge, ou o revólver falha. O ladrão só rouba as pessoas roubáveis. É o compromisso, o comprometimento com ela própria. Quem faz o melhor que pode, de verdade, está protegido.

"Ah, eu sou bonzinho. Não vai me acontecer nada." Isso não conta. É vaidade moral. Só conta o que você faz, o que já fez a seu favor e não aos outros. Você foi lá, a pessoa falou e você não ligou.

"Ah, bobagem! É coisa que acontece!" Não deu bola, relevou, beleza. No dia seguinte vem outra pessoa e fala uma besteira, aí você se queima. Pronto! Acabou a imunidade. Já está em compromisso. Você conseguiu deixar de lado aquele, por que não deixou este? Você deixou invadi-lo, entrar, machucá-lo, vai receber o ladrão na sua casa. Só porque você era capaz e não fez. Você deixou de fazer seu melhor quando tinha uma crença, uma escolha melhor.

O trágico da inteligência humana é querer igualar, padronizar tudo. Não tem igual.

Tudo é único como vimos na lei da unidade. Você é levado a crer que existiu uma normalidade na sua vida, mas não houve.

Você só teve diferenças de desenvolvimento porque seus padrões espirituais são diferentes e andam em caminhos diferentes, pois ninguém é igual a ninguém e as escolhas variam de pessoa para pessoa. Pare, portanto, com esse negócio de devia, de não devia, se tivesse, se não tivesse. Pare, também, com essa mania boba de comparações.

Se tudo está interligado com tudo, você reage também da sua forma ao ambiente. Se o ambiente for hostil, forçará você a tomar determinada direção. A hostilidade não é necessariamente ruim. Ela só é ruim quando interfere no processo da pessoa.

Geralmente o ambiente não faz isso. É só obra do ser humano. Se a pessoa tem o desenvolvimento naturalmente aceito, o ambiente favorece e não interfere. A teoria de que o ser humano só se desenvolveu porque o ambiente era hostil não é totalmente verdadeira.

A evolução do homem foi feita também pelos ETs, que fizeram implantes genéticos.

O ambiente não só se impôs a nós. Nós também nos impusemos ao ambiente, de tal forma que já se extinguiram muitas raças com a mudança genética. As mutações foram criadas de propósito por inteligências superiores.

O fato de você ser único, individual, faz sua aparência física, seu jeito de ser também serem individuais. Você desenvolveu complexos porque permitiu que o ambiente interferisse dizendo que você não era normal, e você acreditou. Isso é ridículo!

Você precisa pensar e notar que tem seu próprio físico, suas próprias escolhas, seu modo de conduzir as coisas, senão vira bloqueio. Se a pessoa fica triste e chora, todo mundo diz que ela é uma chorona. É um absurdo! É o modo de processar dela que é único.

Eu, Lúcio, tinha o complexo de ser preguiçoso. Todo mundo me cobrava mais esforço, mais iniciativa, mas eu detestava trabalhar na lavoura. Ao mesmo tempo me culpava por isso e me comparava a meus irmãos, que trabalhavam arduamente, com disposição e até alegria.

Certa vez, lá pelos meus onze anos, apareceu um padre na escola recrutando meninos para o seminário. Aquilo foi minha salvação. Eu vi ali minha única oportunidade de poder estudar. Não foi a vocação de ser padre que me moveu. Para minha felicidade, meus pais concordaram, já que era nobre ser padre. Então, passei um ano no seminário, estudando sem preguiça. Meu espírito queria que eu trabalhasse com a intelectualidade e não com o serviço braçal.

No fim do ano fui passar as férias em casa e, por ocasião do seu término, meu pai disse que eu não voltaria mais para o seminário, porque ele precisava de mão de obra para lidar com o café.

Pra quê! Chorei o dia inteiro, atazanei tanto a vida dele, fiz ameaças, plantei tanta culpa (e olha que ele era um pai rigoroso, daqueles que bastava um olhar pra gente obedecer), que no fim do dia ele não aguentou e disse: "deixa esse moleque ir!". Ou seja, mantive a postura na minha vontade, na minha escolha, no meu crer, e hoje sou escritor. Agradeço tanto a meu espírito pela preguiça que eu tinha...

Ah, certa vez meu pai me disse que eu era o filho (de uma prole de dez) que ele mais admirava e eu, nada gentil, retruquei dizendo que admirava mais minha irmã, com quem ele vivia e que, às vezes, precisava lidar com o mau humor dele e lavar suas cuecas.

No entanto, meu pai foi uma pessoa admirável. Desempenhou sua função de pai com maestria. Rigoroso quando precisava ser (também, pra cuidar de uma família desse porte!) e amoroso na hora adequada.

Sua sabedoria, apesar do semianalfabetismo, às vezes me surpreendia. Uma vez o ouvi dizer a um netinho que chorava porque não havia conseguido algo: "a vida não é como você quer. A vida é como ela é".

A lei do crer, combinada com as leis da eternidade, da evolução e da transformação, deixa claro que a crença em uma existência sem reencarnação é um completo equívoco que fere todas essas leis.

Se você existe, sabendo que nasceu, sabendo que vai morrer e tendo a consciência da existência das leis da vida, a reencarnação é fatal. Se não considerarmos a reencarnação no processo da vida, como muitos não consideram, achando que a criança que nasceu foi concebida numa relação sexual, ou seja, teve seu início ali, não só é injusto como tudo no universo seria injusto, Deus seria injusto, porque essas leis valem para todo o universo.

Veja a seguir dois exemplos que elucidam a justeza da reencarnação.

Um jovem nasce num ambiente de pobreza e de violência e, na sua ignorância, pratica diversos crimes, não vislumbra nenhuma oportunidade de uma vida melhor e morre no mesmo ambiente. Outro jovem da mesma idade nasce doente e vive num ambiente sadio, cheio de oportunidades, de pais ricos e espiritualizados, aproveita todas as chances disponíveis e também morre.

Se não considerarmos a reencarnação, ambos teriam sua eternidade definida pelo breve período que estiveram na matéria. Um no inferno e o outro no paraíso. Haveria algo mais injusto que isso? E o jovem criminoso não seria tremendamente injustiçado se o compararmos à pessoa que morre na velhice, que teve mais tempo para determinar a qualidade de sua eternidade?

O segundo exemplo é um dos mais inquietantes e questionáveis da crença popular: por que uma criança inocente nasce com uma doença grave ou com defeito físico?

A vida sem a reencarnação não responde a essa questão, já que todos consideram Deus infinitamente justo. Dizem: "Ah, é mistério de Deus". Não é mistério coisa nenhuma.

A vida é um processo contínuo. Não conta nem a morte nem o nascimento. São apenas acidentes de percurso, como vimos no capítulo que trata da lei da evolução. Cada um está na sua vida exatamente no lugar e no momento em que precisa estar, porque tudo está perfeito.

Deus não erra. Não há crianças inocentes, como não há adultos culpados, mas um espírito infinitamente sábio que sempre existiu, que já se hospedou em diversos corpos adultos e que no momento está num corpo infantil, no exato grau de sua evolução.

Se a criança nasceu com problemas é porque vem de uma situação que remonta a vidas anteriores. Os traumas, as culpas, as revoltas, os ódios, os remorsos, que no fundo são crenças, provocam sérios danos mentais e físicos. Não podemos tirar conclusões como se estivéssemos vendo uma fotografia estática.

Nada é estático no universo. Aquele momento é apenas o desfecho de algo e ao mesmo tempo causa para a próxima fase da vida, e o processo da vida continua pela eternidade.

O mesmo raciocínio é válido para as situações e fatos dolorosos que tanta indignação e revolta provocam aos olhos dos desavisados. Tudo acontece no momento certo sob o manto da justiça divina.

Cada qual, junto com seu espírito, é cem por cento responsável por tudo de bom ou de ruim que acontece em sua vida. Quando a pessoa morre, leva para o astral apenas suas crenças e atitudes e as consequências dessas crenças e atitudes. Se não mudar para resolver no astral, terá nova chance na próxima encarnação.

Por mais ignorante que seja a pessoa, a ponto de cometer crimes gravíssimos, sempre terá uma nova chance, porque Deus é infinitamente justo, bondoso e generoso, e o que para muitos é um crime hediondo, aos olhos dEle é apenas uma experiência no processo evolutivo da pessoa, senão o espírito, que é nosso elo com o divino, não permitiria.

A sabedoria divina, que é infinita e atemporal, sabe do que cada um vai fazer, mesmo que a pessoa tenha seu arbítrio, seu poder de escolha.

Deus sabe que ela vai escolher aquele caminho e permite.

Tudo que você faz, Deus aplaude, porque tudo está certo, tudo é aprendizado, tudo está perfeito. Por isso a reencarnação é uma dádiva divina.

Quando você toma consciência desse ponto de vista, percebe que existe um passado que justifica uma infância dessa natureza. O espírito dela acha que, se ela nascer assim antes de se recuperar no astral, terá uma experiência muito boa e oportuna para desenvolver habilidades, virtudes, faculdades e expandir sua consciência no sentido de obter coisas melhores em sua existência.

Os pais, os irmãos, os familiares, por sua vez, também precisam da experiência de ter uma criança assim no seu convívio, então a vida junta todos numa família e todos aprendem.

Tudo é aprendizagem da vida, da luta pela vida, pela valorização da vida. A doação de amor, a doação de paciência, a busca de uma série de respostas, tudo é motivado por quem passa por uma experiência dessas. Daí para a frente, todos mudam radicalmente.

Para a mãe, por exemplo, abre uma compreensão, um entendimento, um milhão de coisas que ela não faria se não passasse por aquilo. Os envolvidos, às vezes, não enxergam os benefícios da experiência por se verem inseridos no processo, mas no fim das contas terão um grande lucro, senão não passariam por aquilo, porque a vida sempre ganha.

Não existe sofrimento no mundo que não seja positivo, funcional, pois se trata de um estímulo forte que obriga a pessoa a transformar, a mudar para dar o próximo passo. Sempre é um estímulo para andar para o próximo estágio da evolução.

Crer é sinônimo de fé. Porém, não temos só uma fé. A gente tem diversas "fés", diversas crenças. A pessoa, por exemplo, tem fé que não pode viver sem a ajuda dos outros, que não se ganha a vida sem lutar, que o outro precisa ser ajudado porque é um coitado, que quem luta tem mais valor, tem fé no medo. Tudo isso está somando, interferindo e minando a fé que a pessoa tem para conseguir algo. Tudo que você fala vai pesando e o que sobra é o somatório de todas as "fés".

É por isso que aquilo que você tanto quer não se materializa na sua vida, ou se materializa de maneira insuficiente. Se, por um lado, você tem uma opinião que difere das demais, o que é um início positivo, por outro, tem uma fé que precisa muito dos outros e às vezes precisa se submeter a eles. Essa situação vai interferir na outra fé, porque as "fés" se interdependem e se misturam.

Assim, às vezes o processo de realização demora, tornando as coisas mais difíceis, mesmo que chegue no final que você queria.

Sua realidade é feita levando-se em conta o conjunto de todas as "fés" que você tem. Todo mundo tem cem por cento de fé, só que a fé está distribuída entre aspectos positivos e negativos.

Por exemplo, oitenta por cento no positivo e vinte por cento no negativo. Ou setenta por trinta, cinquenta por cinquenta, quarenta por sessenta etc. O ser humano não tem noção do tamanho do poder que tem.

O que complica o meio de campo é que, tendo fé em várias coisas diferentes, umas puxam pra cima, outras levam pra baixo, e a realidade vai se constituir do somatório de todas as "fés".

"Olha, minha vida renasceu." É porque trocou uma porção de "fés". Então, não é porque eu tenho fé que tal coisa vai acontecer. Isso contribui, mas tem todo um jogo de "fés" envolvido.

A pessoa deseja ter um relacionamento bom, equilibrado, prazeroso e trabalha pondo sua fé nesse sentido. Beleza. Ótimo. "Ah, mas eu gosto de procurar carinho dos outros me fazendo de coitado." Já não vai dar certo. Tem uma fé negativa aí interferindo no processo. Carência atrai carência não só no aspecto afetivo, mas em todas as áreas da vida.

O homem ou a mulher que progride rápido não liga para as pessoas. Olha para elas e diz: "Se vai ser útil eu quero, se não vai ser, tchau!". As pessoas acham que é desumano, mas não é. É funcional. Ele está no objetivo dele. Se vai somar, tudo bem. Se não vai, tchau.

A natureza é assim na evolução das espécies. O que é funcional continua, o que não é, é descartado. O forte, o que se adapta ao ambiente sempre permanece na espécie. Os mais fracos desaparecem. Aquele mais sentimental, que acha que tem que ter consideração pelos outros, não vai pra frente no seu empreendimento.

Aquele que os outros chamam de egoísta ganha, porque foca tanto no seu negócio que consegue. Já o outro, que consideram um altruísta, está com dificuldades.

Tudo é um conjunto de "fés" que forma aquela realidade. Tudo interfere. A sua prosperidade não vai acontecer de acordo com o que você aprendeu num livro.

Seu caminho é único e diferente do caminho de todo mundo. Você pode aprender os princípios básicos da prosperidade, mas só isso não vai deixá-lo próspero. O que vai deixar você próspero é aquele caminho que é o resultado de suas escolhas.

As pessoas fazem escolhas irresponsavelmente, ou fazem por medo. Não fazem escolhas na sabedoria da lei. Eu estou aqui dando importância para uma série de aspectos do ser humano quando eu, no meu objetivo, não deveria dar. Se esse é um aspecto do ser humano, preciso ver se a pessoa tem capacidade de trabalhar comigo ou não tem. Vem somar, tudo bem. Não vem, vai embora.

A máquina toda de uma empresa funciona com os seres humanos que estão trabalhando para ela. Se tiver uma pessoa incapacitada, já vai interferir no processo da empresa. Quem tem que se preocupar com a situação da pessoa é ela e não o patrão, que não é assistente social.

A mesma coisa acontece com a máquina do Estado. Esse negócio de o Estado dizer que tem que ver a situação da pessoa é ridículo. Depois, fica iludindo o povo para ganhar voto e o povo fica aí na pobreza. Está certo. Por que não foi tomar decisões da vida dele? Por que ficou esperando pelos governantes? Por que não interferiu politicamente? Por que não se posicionou? Por que ficou na dependência do governo paternalista? Enquanto o povo não mudar de atitude, deixar desse coitadismo, deixar de esperar que os outros façam por ele, o país não vai pra frente.

Aliás, só vai pra trás, como está ocorrendo. Quando o povo assumir mais a si mesmo, a coisa muda do ponto de vista da organização social. Assim, teremos um país forte, de pessoas diferentes, independentes, responsáveis, conscientes, livres, mas de uma liberdade que não fere a lei nem o ambiente, com uma autoridade legítima, boa, responsável e respeitada, que agrade os cidadãos.

A fé é relativa. Tudo depende de como você está, de como você vê, de como você acredita. "Ah, mas eu estou do lado de uma pessoa que não tem fé". Quanto e como você resolve isso aí dentro de você?

O outro diz: "Ah, mandei a pessoa plantar batata, fiquei só com minha fé e a coisa aconteceu de acordo"; "Ah, aconteceu aquilo com o meu pai e até hoje estou aqui com esse problema". Aí não tem como ir pra frente, né?

Daí a importância de se desligar emocionalmente do passado. Se não fosse o esquecimento e a reencarnação, o que seria de nós? Com toda aquela carga do passado nas costas, não daríamos um passo.

Por conta disso a reencarnação é uma bênção divina, a maior prova de sua justiça e generosidade. O esquecimento do que ocorreu em outras vidas favorece tremendamente o processo de evolução.

Crença comum

"Eu não acredito na reencarnação. Acho que a vida começa no nascimento."

Lei do crer

Acreditando ou não, a reencarnação existe. Cada ser vivo tem um espírito. Os espíritos, como tudo que existe, são extensões de Deus, portanto eternos para a frente e eternos para trás. Nada acaba, tudo se transforma, tudo é eterno, porque tudo é perfeito.

A vontade do espírito em nós é que sejamos plenos de realizações. Mas, ele segue as escolhas, o nível de consciência e as estruturas de cada um. Quanto mais expandida estiver uma consciência, mais o espírito se expressa por meio dela nas realizações.

Para expandir a consciência, se a pessoa ainda não souber usar a inteligência, o espírito provoca a dor como estímulo para ela não se estagnar. Com isso, a pessoa desenvolve virtudes, habilidades, faculdades e evolui. É totalmente impossível que alguém consiga desenvolver tudo isso em apenas uma vida, mesmo que seja de mais de cem anos.

O espírito não tem pressa, já que tem toda a eternidade para isso. Então, a pessoa encarna, vive, morre e vai para o astral, lá também se desenvolve, mas para certos aspectos precisa da experiência aqui na matéria. Assim, reencarna tantas vezes quantas forem necessárias, dependendo da vontade do espírito da pessoa.

Crença comum

"A criança que nasce com um defeito físico ou com uma doença grave é um mistério que só Deus sabe o porquê."

Lei do crer

Não é mistério nenhum, não é negligência dos pais, não são as condições ambientais. Só é mistério para quem não acredita em reencarnação. Deus não erra e não é injusto. É consequência das crenças e atitudes da própria criança.

Não há crianças inocentes, como não há adultos culpados, mas um espírito infinitamente sábio que sempre existiu, que já se hospedou em diversos corpos adultos e que no momento está num corpo infantil, no exato grau de sua evolução.

Assim como todo adulto já foi criança, toda criança já foi adulta. Se ela nasceu com problemas é porque vêm de uma situação que remonta a vidas anteriores. Os traumas, as culpas, as revoltas, os ódios, os remorsos deixam graves sequelas mentais e físicas.

Cada um é cem por cento responsável por tudo de bom ou de ruim que acontece em suas vidas, sabendo disso ou não. Não podemos tirar conclusões precipitadas como se estivéssemos vendo uma fotografia estática. Nada é estático no universo. Aquele momento é apenas o desfecho de algo que vem se desenrolando desde outras vidas, e ao mesmo tempo causa para a próxima fase da vida, e o processo continua pela eternidade.

Um dia todos vão saber como sua jornada foi perfeita e justa, porque tudo está registrado nos arquivos acássicos do astral, que poderão ser consultados. Os amigos espirituais dizem que esses registros são muito utilizados nos processos terapêuticos das pessoas que não conseguem se desvencilhar de uma culpa ou de uma revolta.

Lá, elas assistem por diversos ângulos à situação, do ponto de vista da própria pessoa, do guia, da lei, da sociedade, então ela sai convicta de que tudo foi perfeito. Dizem, também, que nesse processo a pessoa sempre é acompanhada por psicólogos que utilizam até medicamentos, porque, não raro, ela fica abalada psicologicamente até por semanas, mas se cura.

Nem todos têm essa oportunidade. Apenas aqueles que têm mérito e condições psicológicas. O mesmo eles fazem com os fatos, principalmente com aqueles que mais causaram indignação no povo, e todos percebem como tudo foi perfeito da forma que foi.

Crença comum

"Dizem que se a gente tiver fé a coisa acontece. Não sei não, porque eu acredito tanto que vou ser próspero, faço cursos, leio livros, faço mentalizações, mas essa bendita prosperidade nunca chega."

Lei do crer

A gente não tem só uma fé, mas diversas "fés", diversas crenças. A pessoa realmente acredita que vai ser próspera, mas só isso não basta. O que conta é o somatório ou média de todas as "fés".

Se o resultado for superior a cinquenta por cento, consegue proporcionalmente a quanto for superior. Se o resultado do somatório for inferior, além de não conseguir, dependendo do índice, até começa a perder mais, pois está devendo.

Acreditar que vai ser próspera é apenas uma fé das tantas que cultiva. Ela, por exemplo, tem fé que não pode viver sem a ajuda dos outros, que não se ganha a vida sem lutar, que o outro precisa ser ajudado porque é um coitado, que quem luta tem mais valor, tem fé no medo.

Tudo isso está somando, interferindo e minando a fé que a pessoa tem para conseguir ser próspera. Tudo que a pessoa fala vai pesando, e o que sobra é o somatório de todas as "fés".

Por isso que aquilo que tanto quer não se materializa na vida dela, ou se materializa de maneira insuficiente. Se, por um lado, ela tem uma opinião que difere das demais, o que é um início positivo, por outro, tem uma fé que precisa muito dos outros e às vezes precisa se submeter a eles.

Essa situação vai interferir na outra fé, porque as "fés" se interdependem e se misturam. Assim, às vezes, demora o processo de realização, tornando as coisas mais difíceis.

Crença comum

"Acho que fiz alguma espécie de contrato antes de encarnar, segundo o qual, faça o que eu fizer, não vou ser próspero, porque assim eu aprendo alguma virtude, alguma faculdade para minha evolução espiritual."

Lei do crer

Não é verdade. Todo poder está no agora. Mesmo na hipótese de ter havido tal comprometimento, ele perde todo o sentido diante da lei do crer. O passado, como quer que tenha sido, não tem poder nenhum sobre o presente, a não ser que a pessoa assim acredite.

Toda hora é hora de desvalidar qualquer resquício, qualquer comprometimento, qualquer promessa feita no passado. "Ah, isso é bobagem! Era o que eu acreditava na época. Hoje tenho outras crenças e acredito que o passado não tem poder sobre mim. O passado é pura ilusão. Só o que conta é o presente. No presente posso mudar, transformar e construir o que eu bem entender."

OITAVA LEI

Lei da relatividade:
TUDO É RELATIVO

Tudo é relativo. Não há nada absoluto, além da sua eternidade ou da própria lei. O resto é relativo. Uma resposta dada como certa hoje poderá não ser amanhã. Uma grande verdade espiritual que você tinha na infância hoje pode ser um grande absurdo, não é mesmo? O que é pecado para uns, para outros é uma liberdade, um grande prazer.

Não adianta ter receita, não adianta ter regra, não adianta ter moral. O máximo que você pode fazer para ordenar uma logística, uma organização, uma coisa que precisa, se você tiver muita experiência na área, provavelmente será dar alguma contribuição que irá prevenir falhas, desvios, problemas, mas se estiver aberto e vigilante, você sabe que tudo muda.

As pessoas mudam, o mercado muda, o tempo muda, os valores mudam, e se você não mudar, aquele projeto estará comprometido.

Se alguém faz uma explanação e pergunta: "entenderam?", você responde: "entendi", e a amiga também responde: "entendi".

Vocês estão sendo sinceras, mas isso não quer dizer nada. Será que vocês entenderam da mesma forma o que o outro está realmente querendo explicar?

Depende do horário, depende do momento, depende de vocês, depende da situação emocional em que se encontram. Enquanto você está preocupada em decorar o assunto, a outra está preocupada em resolver aquele caso afetivo dela.

Como rolou aí dentro de cada uma, só Deus sabe, porque é relativo ao seu momento, à sua hora, quantas vezes precisou ouvir e, às vezes, a ficha só vai cair daqui a vinte anos, quando ouvir falar de novo a respeito. A ficha só vai cair porque as condições serão favoráveis naquele momento.

Há um momento certo para a coisa acontecer, porque tudo é relativo. Tudo depende da combinação de vários aspectos internos de você, como seu estado emocional, afetivo, psicológico, seus condicionamentos, seus bloqueios, suas revoltas.

Você é um universo maluco, inseguro e inconstante, porque é rico. Aparece o estímulo, mas como vai funcionar é relativo a tudo isso, e não adianta pensar no amanhã como você pensa, porque muito provavelmente as circunstâncias serão completamente diferentes das de hoje.

É na hora que você vê e analisa. Depende de como você está aberto para analisar, pois esse é outro problema seu. Você não aceita, não está aberto, não concorda.

Quando você fala "não concordo", já vem porcaria, porque quer do seu jeito, é teimoso, e aí vai fazendo um rolo danado, e terá uma série de conflitos, mas se não tiver discordância, analisa tudo abertamente e, tira uma conclusão e busca uma ação proporcional às condições daquele momento.

A pergunta "o que é que eu faço para ter isso?" não tem sentido nenhum, pois você não dá nenhuma chance ao outro de acertar. Você está lhe dando chance de errar.

A pessoa não é você. Ela não está lá no futuro, quando você estiver lá. Como é que ela pode falar para você fazer isso, fazer aquilo? As pessoas falam e você vai lá e faz. Não vai dar certo, porque tudo é relativo.

Você quer uma segurança? Impossível. Você quer que a coisa fique clara e certinha?

Impossível. Você quer uma receita? Nunca vai ter, porque tudo é relativo e a receita do outro não serve para você.

Você acha mesmo que aquilo que deu certo para o outro vai dar para você? Não vai mesmo. Deu certo para ele nas condições dele. As suas são completamente diferentes.

Além dessa lei da relatividade, você se lembra da primeira lei, que diz que tudo é único? Você tem seu caminho único. Seu processo é diferente do processo de cada ser humano. A vida não repete.

O outro pode lhe dar indicações dele, que talvez induzam você a alguma coisa interessante na hora, só sua. Então, você vai correndo pegar aquele livro e abrir toda hora em tal página para ver se vem uma inspiração, e sempre acaba vindo, porque tudo está conectado no universo.

Quando você se põe e vem, não é Deus, não é a vida, não é ninguém que faz você abrir no capítulo certo. É você na lei da conexão.

Há tantas condições aí dentro, que você ainda não controla, que não lhe permitem realizar seus desejos. Quando você estiver mais evoluído, mais seguro, mais na posse de si, certamente tudo vai ser mais fácil, mas pode ser que, por enquanto, você ainda não tenha agregado todas as condições necessárias para que aquilo aconteça na sua vida.

Você sabe que não é de muita confiança, não sabe? Hoje tem uma opinião, amanhã tem outra. Hoje toma uma atitude, amanhã toma outra. Principalmente as mulheres que mudam a toda hora. Cada dia pintam a unha de uma cor, se saem três vezes ao dia, trocam a roupa, os sapatos e a bolsa três vezes. Os homens também não são de muita confiança, mas são mais focados, favorecendo o processo.

Aceite que você não é de confiança. Aceite que você é relativa. "Bem, vou por aqui, vou seguir do meu jeito que é único, vou ver como é isso." Aí, a ansiedade se acalma, as cobranças desaparecem junto com as culpas e as desilusões, já não promete mais, você fica calma, aberta, mais na humildade, e a coisa vai. É uma verdadeira revolução.

Você não quer mudar para que a coisa ande? Então, faça a revolução. Não foi assim que aconteceu na história? Toda mudança drástica foi antecedida por uma revolução.

Siga sua vontade. A vontade é a voz do espírito dizendo: "É por aí". Você sente que é por aí, então vai. "Ah, mas o outro foi por aí e se deu mal." O outro é o outro no caminho que é só dele. Seu caminho não vai ser igual.

Tudo é relativo, tudo é único. Aí você vai seguindo legal. "Ah, não tem problema. Vou por aqui com meu espírito leve, solto, despreocupado. Se não der certo, não vou me chocar, não vou me revoltar, não vou procurar saber qual é a causa metafísica, vou encarar, porque tudo é relativo."

Daí a pouco vem a coisa inesperada. Você se enche de alegria, pega mais confiança, fica cheio de si e a vida começa a fluir melhor.

Você é o que dá para ser na sua evolução até hoje. Você está na sua idade astral e, na sua idade astral, você está muito bem. Sabe essa loucura que você faz? É natural. Meio avoado, sem firmeza?

Tudo bem. É natural. Para sua idade está tudo certo. Não é ser criança, infantil. A criança a gente aceita porque sabe que é próprio da idade dela e ela não tem a consciência que o adulto tem. Você tem consciência e já sabe que pode mudar, transformar, aprender e comandar.

"Ah, mas eu já devia estar fazendo isso." Não devia. Você está na arrogância ainda. Não há nada que mais emperre o fluir das coisas que a arrogância. O seu melhor é o melhor que você sabe e não o que você acha que já devia saber. Isso é seu pior.

Quando é para a coisa vir, você pode consultar sua alma. Se você quer algo e sente como uma coisa familiar, que já tem, então vem. Agora, se você sente que não está lá, desista, ela não vai chegar. Se você provocar para a coisa vir por meio da sua insistência, vai ser uma catástrofe na sua vida. Vem o sucesso e ele acaba com você.

A responsabilidade é sua. Vai ter que assumir a conta. Se você estiver fazendo a opção dentro do seu nível, não tem problema. Tudo vai, tudo anda. Agora, se ficar aí nessa alta expectativa, você não consegue e só desaba. Quanto maior a escada, maior o tombo.

O negócio é ficar na sua. Relaxe, não crie expectativa, não se revolte, largue, pois tudo é relativo e tem seu tempo certo, que é aquele em que suas condições permitem.

Aí a coisa vem e geralmente vem muito melhor do que você esperava, pois seu espírito é cheio de surpresas agradáveis, já que ele tem todas as possibilidades, todas as respostas e todas as soluções.

Quando você vê um fato, vivencia um acontecimento ou simplesmente olha para um objeto qualquer, como uma xícara sobre a mesa da cozinha, imediatamente conclui: "É isso, é assim, é assado". Sua memória fotografa aquilo e emite um julgamento, uma opinião conclusiva a respeito.

Pois saiba que você está redondamente equivocado. Nada é do jeito que você vê. Tudo depende do jeito que você olha, de como você percebe as coisas, de como é a vida pra você de acordo com sua cultura, seu aprendizado. Todo mundo sempre disse que é assim e, então, você aceita e acha que é a coisa mais normal do mundo que seja assim, bate o martelo, sem dar à sua mente o direito de ter um pingo de dúvida.

Para início de conversa, a normalidade não existe. A padronização é um conceito altamente contrário à natureza do espírito. Lembra-se da primeira lei? Tudo é único! Nem ao menos a xícara é como parece ser.

Tudo depende de como sua consciência infere e processa. Tudo é a consciência individual agindo numa realidade instável, moldável, relativa.

É sua consciência que molda sua realidade. Como é incrível a lei do relativismo! Você diz: "Ah, tô com isso". Será? É seu ponto de vista. E se eu lhe disser que é isso que está com você? Tudo aquilo que está acontecendo, o fato, que é um fenômeno da consciência do agora, e o que está nele, não passa de uma percepção segundo seu ponto de vista, e o ponto de vista, que é uma crença, pode ser mudado, mudando sua realidade. Você coloca seu crer ali de uma forma diferente da convencional, incorpora esse crer e acaba virando realidade.

Não é fantástico isso? A crença tanto pode construir o positivo como desfazer o negativo. Todo mundo acha que aquilo é assim, mas você, na sua convicção, diz: "Não, isso é ilusão, é bobagem!".

Pronto! Aquilo desaparece. A gente percebe isso na hipnose. A pessoa é sugestionada de que está com dor de barriga, por exemplo. Então, ela sente realmente a dor e, ao receber o comando de que é uma ilusão, a dor simplesmente desaparece.

Todo mundo conhece o exemplo do suco de manga com leite. Antigamente era um veneno misturar esses dois ingredientes, e a pessoa que fizesse isso realmente passava mal. Hoje é um dos sucos mais consumidos por aí.

Por isso é fundamental prestar atenção ao que você está fazendo com as ideias. Toda ideia é uma crença que vai virar realidade. Analise, questione o que está fazendo. Como está a coisa? Como é que é? O que está vendo ali? Que coisa é essa? Use o poder da crença para construir uma realidade melhor.

"Fiz tal coisa, agora vem uma consequência, mas eu não acredito nessa consequência. Não boto fé nisso. Estou noutra." E aquela consequência não acontece. Deixe os outros dizerem que vai dar errado porque você fez assim. Eles estão viciados na normalidade. Não levam em conta a lei da relatividade.

"Vai dar nada. Eu não acredito." Pá! Dá certo. E você fez errado segundo a lógica dos fatos. Não era pra dar certo, mas deu. Você não acreditou na lógica, porque nada é lógico. Só é pra quem acredita que é. Você é a realidade.

Há uma única letrinha, a conjugação da terceira pessoa do singular do verbo *ser*, que é muito terrível para o ser humano. Terrível porque ignora o poder dessa letrinha que simplesmente é a responsável pela existência de todos os universos possíveis e imagináveis.

Quando você diz "é", está dizendo "existe". *"Eu sou o verbo."* Não está escrito na bíblia? O verbo ser é o verbo da criação. Ser é sinônimo de existir. Mal sabe o ser humano que sua realidade está sendo construída, transformada, moldada pelo "é" ou pelo "não é". Dizem: "Ah, isso é, aquilo é, isso não é, aquilo não é".

Quando a intenção é para o negativo, é terrível, e é o mais comum, mas quando é para o positivo, é simplesmente fantástico. É o exercício da criação. Esse é o poder com o qual todos fazem sua realidade.

As pessoas, em geral, colocam o "é" em tudo, só que não têm posse do "é" delas. Acham que o "é" é independente delas. Por exemplo, tem uma coisa em casa que sumiu e nunca mais apareceu. O que aconteceu com aquilo? "Ah, acho que roubaram; acho que perdi." Dão uma explicação concreta que é independente deles.

O ser humano quer que seja independente dele porque dá uma sensação de segurança, mas é uma sensação falsa.

Sem saber, está construindo uma realidade insegura, porque se ele tivesse consciência do poder criativo do "é", ou seja, que ele é o responsável pelo "é", que o "é" faz parte dele, certamente faria uma realidade tão próspera quanto segura.

O sumiço daquela coisa, não importa como ocorreu, é de responsabilidade do proprietário dela, ou seja, o poder de fazer sumir é dele. O "é" é dele.

Portanto, jamais abra mão do poder do seu "é" ou "não é". Mesmo para as coisas negativas, assuma que é uma criação sua, porque se você abdicar do poder de criar o negativo, fatalmente estará abdicando do poder de criar o positivo.

Como já foi dito, cada um, junto com seu espírito, é cem por cento responsável por tudo de bom ou de ruim que acontece na sua vida, sabendo ou não dessa máxima. Em outras palavras, seu destino é você quem faz.

O "é" funciona em total sintonia com a relatividade. Tome o exemplo de duas pessoas que são leigas em determinada tarefa. Uma diz: "Isso aqui é um problema". A outra diz: "É nada". Vai lá, mexe daqui, mexe dali e ajeita aquilo. "Ah, mas a outra sabia." Não, é que ela vê por um ângulo diferente. A pessoa continua achando que é problema, que a outra tem uma capacidade especial, mas não tem. Ela simplesmente não acreditou que era problema, mexeu e consertou.

"Ah, sou eu que não levo jeito pra coisa." Não. É o seu "é" que é diferente do "é" dela. Nada é. Tudo é relativo. As pessoas não controlam esse "é", achando que o "é" existe fora delas.

É uma questão profunda da fé. Porque é o "é" que faz a fé. É ou não é. Isso é a fé. Não a fé no sentido cultivado pelas religiões, mas o crer. O crer comum de todo mundo. *"Tua fé te salvou."* Jesus poderia ter dito *"Teu crer te curou"* ou *"Teu 'é' te curou"*, que daria no mesmo.

O verbo ser é o verbo da criação. Mas como é que se manifesta o verbo ser? Ele se manifesta através de você, da pedra, do rio, de todos os seres. Olha aí: o ser de ser humano, de ser uma pedra, de ser um rio. Absolutamente tudo que existe, tudo que é, é uma manifestação de Deus. Todo ser é o "é" divino em ação.

Albert Einstein disse que "a realidade é meramente uma ilusão, apesar de ser uma ilusão muito persistente". Por ser mutável, a realidade é uma ilusão. A verdade nós não mudamos, mas a realidade sim.

O que é verdadeiro? O espírito. A matéria também é mutável, portanto, também é uma ilusão. O mundo físico que você vê também não passa de uma ilusão, mas o espírito precisa da matéria ilusória para se manifestar. A mesa que você comprou é uma criação da sua mente. Você a percebe como real, mas é uma ilusão. Tudo é criação da mente.

No astral, esse fenômeno se percebe mais claramente. Como as moléculas são menos coesas que aqui, por isso muitos o chamam de mundo etéreo, a ilusão se materializa instantaneamente com o poder criativo da mente.

Se você se concentrar e imaginar uma mesa, ela imediatamente se materializa na sua frente. Eu, Lúcio, pude comprovar isso numa projeção astral que fiz em companhia do meu guia.

Como eu adoro cachorros, perguntei se no mundo dele havia cães. "É claro", ele me respondeu, e pediu que eu olhasse para um gramado à frente e imaginasse um cão com determinadas características. Imediatamente apareceu um cão que veio ao meu encontro e se ergueu para me abraçar. Era o Barão, que havia morrido havia seis meses.

No astral, as pessoas criativas, os arquitetos, os artistas, pintam e bordam com esse poder. Constroem e refazem casas e jardins belíssimos, tão magníficos que não há similares por aqui.

Quer dizer que até a matéria é relativa? É. Toda ilusão é relativa. Cada um vê uma construção de um modo diferente. A Terra é uma ilusão? É, assim como o sol, a lua, as estrelas, tudo que é material.

Os astros, como a Terra, são criações de seres mais poderosos, as criaturas angélicas, como foi dito no capítulo referente à lei da evolução. Pra gente, que não está nesse nível de criação, fica difícil entender e aceitar, acha que as coisas existem independentes de alguma consciência e confunde.

Quando a gente evoluir mais, principalmente no astral, vai perceber que a Terra é plasmada por essas consciências. É o resultado do "é" dessas consciências. Se essas consciências resolvessem afirmar: "Tal planeta é uma ilusão!", ele imediatamente desapareceria.

Você precisa tomar consciência da lei da relatividade nas suas ideias, nas suas atitudes, nas suas crenças, enfim, na sua vida. "Ah, porque eu sou isso. Ah, porque essa situação na minha vida existe."

Tudo bem. Se existe e você não consegue mudar, é porque há outra consciência que está submetendo essa crença a você. Você está submisso à ideia de alguém. Mas, se você não estiver submisso, seu "é" está puro, está livre para atuar no seu ponto de vista.

"Imagina! Não é assim não. Eu acredito assim, assim." As trevas não podem agir em volta de você. Elas têm que agir através de você. Se você foi sugestionado desde criança de que tem medo, passou a vida inteira tendo medo, viveu aquele medo, é a sua crença submissa a alguém que está criando uma vida insegura.

O que é anárquico é saber que, quando cada um perceber que seu "é" é o dono do seu poder, do seu destino, da sua verdade, da sua realidade, da sua eternidade, não haverá mais domínio de uns sobre outros, a não ser dos mais evoluídos, mas esses nunca trabalham com as trevas.

Os mais evoluídos dominam as ideias e criam, como um pai cria para um filho seguir em frente. São os responsáveis por nós. Querem o nosso progresso porque eles também dependem do nosso progresso.

Perceba, então, que nada é, senão quando você afirma que é. Tudo segue da forma que você vê e interpreta, e ver é uma questão de ponto de vista. Isso é o melhor da lei da relatividade. Tudo pode ter um milhão de lados. Você precisa usar essa lei o dia todo. Não tome os fatos, as situações como se fossem uma fotografia estática e definitiva do momento.

Não use seu "é" indiscriminadamente, para não criar determinada situação indesejada em sua vida. Ele é muito valoroso para ser desperdiçado em qualquer coisa. Cuide dele como se fosse a joia mais preciosa do universo. E é.

Mesmo se toda uma conjuntura parecer óbvia aos olhos dos outros, você ainda pode ver de um ângulo diferente e transformar a seu favor, porque você é o verbo. Aquilo pode afetar todo mundo, mas, chegando a você, muda. Você será o único a não ser atingido.

"Como é que é isso? Que sorte!", todos dizem. É nada. É seu "é" que é diferente. No relativismo tudo anda de acordo com o ponto de vista de cada um. Procure, então, ver por outro ângulo, por outra perspectiva, aquela situação que não sai da sua vida.

Você precisa escolher o ponto de vista que seja melhor pra si e bancar seu "é". Se você tiver essa coragem, esse domínio de bancar seu "é", vai conseguir qualquer intento, além da submissão dos demais que insistem em manter aquele ponto de vista. Fé é bancar seu "é". Veja que até a palavra fé contém seu "é".

Se há um campo onde a relatividade se mostra evidente é o da moral. Moral é um conjunto de crenças, de valores estabelecidos num consenso por um grupo, naquela realidade deles. Um consenso é um acordo entre as pessoas para organizarem a relação social.

Toda realidade é um consenso social, grupal. A moral varia de acordo com o processo evolutivo da vida, e os valores se transformam com nossas experiências. A moral é relativa, pois depende da cultura de cada povo. Por exemplo, o árabe pode ter várias esposas, enquanto no Brasil isso é considerado crime.

Se você pertencer a um grupo cujos valores morais são rígidos, são agressivos para você, seu problema será grande. Você vai se sentir marginalizado. Isso já foi muito mais forte na humanidade. E o que quebrou, o que amenizou essa rigidez? Foi o relativismo.

"Olha, isso é sério." Depende. "Isso é errado." Depende. "Isso é imoral." Depende. "Isso é pecado." Depende. Tudo depende, porque o homem percebeu que um fenômeno qualquer contém muitas forças envolvidas.

É como a chuva. Há várias forças, várias variáveis no processo para que o fenômeno da chuva aconteça. Depende da pressão do ar, do grau de umidade, da temperatura. Se mudar uma dessas variáveis, obviamente muda o todo e a chuva pode não ocorrer, vir fraquinha ou em forma de tempestade.

A Ciência vive estudando isso. A Ciência não fala de causa e efeito. Fala de variáveis intervenientes. Então, ficam estudando, controlando uma variável para obter determinado resultado.

Assim é a vida. Tudo está ligado e tudo interfere em tudo. Não existe um fenômeno, um fato isolado.

As pessoas não estão limitadas a determinados valores. Cada uma tem sua individualidade, não obstante a interdependência entre elas. Individualidade é qualidade do espírito.

Na interdependência, uma pessoa influencia a outra ou várias. Se uma das pessoas tem uma vontade diferenciada dentro do grupo e se afirma naquilo com poder e fé, as outras provavelmente vão mudar. Um líder, qualquer que seja a área em que atue, na religião, na política, na sociedade, é capaz de mudar todo um consenso.

Tudo é relativo a cada um e, ao mesmo tempo, às forças que estão em volta. Contudo, essas forças podem sofrer interferências por cada individualidade capacitada para interferir com suas ideias, seu poder, sua convicção.

Por isso todos sabem que a união faz a força. Quanto maior o grupo, mais fica forte e poderoso para implantar suas ideias e dominar na evolução social e nas transformações.

A tecnologia exerce um papel preponderante nas transformações do planeta, acelerando o progresso. Veja o caso da internet e dos meios de comunicação em massa. Simplesmente esculhambaram com a moral e estão derrubando governos fundamentalistas e autoritários.

A moral que existia há trinta anos não é mais a de agora, como no caso dos gays, do casamento, do sexo, por exemplo.

Tudo mudou porque as forças interferiram. Tudo é relativo. Numa época é uma coisa, noutra época será outra. Não importa quão importante e grande seja um império, ele fatalmente vai ser substituído por outro. Não importa como foi sua vida e o que você passou. Você terá que viver outra completamente diferente daquela.

A evolução é implacável. Tudo muda, nada fica. Quem se demorar por causa do ego e de suas autoafirmações só vai emperrar e virar trevas. Trevas são hoje o que ontem foi bom.

Porque o egoico não está na alma. Não faz o progresso com a mudança. Ele está no ego. Ele se afirma com aquilo, não quer que as ideias andem, não quer que o processo evolua, porque ele interpreta que é contra si.

O ego, o orgulho dele, não quer a evolução. Isso foi marcante no século 20. Foi revolta pra todos os lados. O que se falava de mediunidade, o que se falava de eternidade, o que se falava de sexualidade, o que se falava dos negros, tudo foi destruído, e aquele povo, que parecia estar com um império, sumiu. Foi deposto. Rei morto, rei posto.

Sendo a evolução e a relatividade leis da vida, se você não aprender a se renovar, a se reinventar na medida do contexto em que está vivendo, se você se atrasar e não se atualizar, você vai se arrebentar e vai para as trevas. Você vai ser o inimigo. Ontem você foi o mocinho, hoje será o bandido.

Tudo é uma questão de momento. Na época em que o mundo precisava ser povoado, a homossexualidade era malvista. Depois que houve o excesso populacional, ela deixou de ser imoral.

Tudo é relativo segundo o interesse da comunidade. Enquanto a mulher era útil em casa para cuidar de tudo e colocar filho no mundo, ela estava numa condição submissa, depois que mudou o sistema econômico, influindo na mão de obra, procriar deixou de ser importante e a mulher foi exercer as funções do homem.

No início, o samba e as escolas de samba eram marginalizados. Depois cresceram, o povo todo se interessou, virou manifestação cultural e a elite começou a aceitar, porque se tornou viável economicamente.

Tudo envolve interesses econômicos. Tudo é relativo à época e às situações em que se encontra a coletividade. Quando não interessa, põe lá pra baixo, quando interessa, põe lá pra cima. Sempre foi assim na humanidade.

Quem quiser se submeter à moral geral que se submeta, quem não quiser, que escolha. O mundo, do jeito que vai, aponta para que a moral acabe e que tudo seja relativo, que é muito mais humano.

Dentro da situação, o que interessa? Ao que interessa, as pessoas vão dando preferência. E o ser humano vai ali se desenvolvendo, se adaptando mais confortavelmente, porque ele pode ser muito mais coisas.

Quando os valores restringem, dizendo que o normal é "x", a cultura estoura, se arrebenta em guerras e revoluções. Quando a cultura abre para que as individualidades possam se expressar com mais amplitude, ela prevalece e sobrevive, porque é a lei.

A gente vê bem isso nos sistemas políticos. O comunismo autoritário, por exemplo, sucumbiu, porque o sistema impedia a escolha, o elemento mais sagrado da individualidade. Os americanos fizeram o oposto: vale a individualidade, o arbítrio, a escolha.

Assim, dominaram o mundo. Quanto mais se permitir às pessoas se expressarem na variabilidade, mais rico é o país, mais rica é a cultura.

Quanto mais se exigir um comportamento unificado, mais mediocridade e mais pobreza se verificam. É só atentar para o exemplo de Cuba, parado há décadas, desde quando foi implantado o comunismo.

Uma cultura depende dos que são originais, criativos, que vão fazer o futuro. Como pode um espírito nascer com uma nova ideia que vai revolucionar uma área da vida se, nas condições da sociedade, está tudo amarrado? Aí se estagna e se arrebenta porque, quando não consegue mais andar, começa a estourar para ir para frente.

Nada é estático, tudo muda. A lei é implacável. Há civilizações inteiras que acabaram porque desrespeitaram a lei. Quem favorecer a atitude individual vai favorecer também o progresso. Quem se restringir não vai conseguir a evolução.

As religiões que não quiserem evoluir, que insistirem em ficar com o mesmo discurso, vão desaparecer. Os fundamentalistas, os ortodoxos serão os primeiros a sofrer as consequências da lei. Aliás, já estão sofrendo.

O resultado disso é que os líderes radicais serão emigrados para outros mundos, onde as atitudes deles façam sentido, senão as sociedades deles não andam. A sociedade tem o direito de andar, progredir e continuar na sua linhagem, mas eles têm que abrir. As ideias radicais não poderão ficar e todas morrerão.

Nunca dê valor total a nada. Sempre seja relativo. Então, o negócio é não ficar se descabelando com a situação, porque tudo é relativo. Se tem coisa ruim, também tem coisa boa.

Tudo passa, tudo se renova, tudo se transforma. O certo é não dar muita importância às situações, porque elas fatalmente vão passar. Assim também são as pessoas.

Não dê importância total a ninguém. O amor, o gostar tem que ser completamente espontâneo e livre para que você não fique dando valor excessivo. Se der, vai sofrer porque aquilo vai mudar.

A conduta de equilíbrio, a pessoa equilibrada, tão desejada pelo ser humano, se caracteriza exatamente por não dar valor excessivo a nada. Faça tudo com gosto e nada com paixão, porque a paixão é radical e tem seu preço. O caminho do relativismo controla a importância. Ele relativiza.

Nesse contexto isso é importante, naquele não é. Estou com dor, fui lá, tomei um remédio e a dor passou. Peguei e joguei o resto do remédio fora porque aquilo não serve mais para nada. Tudo vai do contexto. É como o certo e o errado. Num contexto é certo, noutro é errado.

Crença comum

"Ah, eu vou seguir o exemplo daquela pessoa, porque ela me disse que fez assim, assado e ficou próspera."

Lei da relatividade

A receita dela só serviu para ela e não vai servir para mais ninguém. Tanto a lei da relatividade como a lei da unidade corroboram isso. Cada um é único, cada um tem seu próprio caminho, e tudo é relativo, tudo depende do momento, das circunstâncias, das crenças e atitudes individuais.

Se alguém se tornou próspero e resolveu escrever um livro dando as dicas de prosperidade, não vai servir para ninguém, porque o caminho que ele percorreu foi só dele. Pode dar alguns conceitos básicos sobre prosperidade, mas ninguém vai ser próspero pondo em prática e seguindo à risca o que o autor recomenda.

Não há receita para ser próspero. Cada um precisa descobrir a sua, que é única, individual, relativa e não vai servir para mais ninguém.

Crença comum

"Ah, eu não confio nos políticos. São todos corruptos. O Brasil não tem jeito porque a corrupção nunca vai acabar."

Lei da relatividade

Cada povo tem o governo que merece. Se o político corrupto está no poder, foi porque o povo o colocou lá e não pode reclamar. Povo corrupto elege político corrupto.

O Brasil não vai ter um parlamento igual ao da Suécia enquanto a maioria do povo for corrupta. Não há apenas políticos corruptos no poder. Há políticos que não o são porque também há pessoas que não o são e os elegem. Se a maioria é corrupta, é porque a maioria do povo brasileiro é corrupta.

Tudo é relativo e único. Cada país tem sua individualidade, e depende do seu povo a qualidade dos políticos eleitos.

Crença comum

"Não vislumbro nenhuma saída. Acho que minha situação não tem jeito e vai perdurar para sempre."

Lei da relatividade

A lei da relatividade e a lei da transformação não dizem isso. Daqui a um mês, a vida de qualquer um poderá ser totalmente diferente da de hoje.

Nada é estático, tudo muda, tudo se transforma e tudo é relativo às circunstâncias do momento futuro. Mesmo que a pessoa não creia que sua vida possa mudar, daqui a um mês haverá novas condições que poderão fazê-la mudar seu ponto de vista, suas crenças e escolhas que transformarão sua realidade.

Crença comum

"Eu acredito cegamente naquela pessoa. Gosto muito dela. Ela tem um valor tremendo."

Lei da relatividade

Não dê importância total a nada e a ninguém. O amor, o gostar tem que ser completamente espontâneo e livre para que você não fique dando valor excessivo. Se der, vai sofrer porque aquela pessoa também vai mudar, pois a relatividade também funciona para ela.

A conduta de equilíbrio, a pessoa equilibrada, tão desejada pelo ser humano, é exatamente não dar valor excessivo a nada. Faça tudo com gosto e nada com paixão, porque a paixão é radical e tem seu preço.

O caminho do relativismo controla a importância. Ele relativiza. Nesse contexto isso é importante, naquele não é. Num contexto é certo, noutro é errado.

NONA LEI

Lei do destino:
O QUE É PARA EU SER, SEREI

Esta extraordinária lei arremata tudo que foi dito. A lei do destino é fatal. Por que é fatal? Porque existe um plano divino estabelecido pelo seu espírito que é perfeito para você. O que você vai ser não pode ser mudado porque você já é.

O processo para alcançá-lo não é fatal, pode ser mudado de acordo com suas crenças. O caminho é você quem faz por meio de suas escolhas, de seu arbítrio.

Cada um tem seu caminho único, individual, pois você é diferente e o que serve para você é diferente do que serve para os outros.

Assim, você vai escolher, entre todas as opções, aquela que faz um bem para você. Como tudo está ligado a tudo, você iria se dissolver se não tivesse uma escolha própria.

Uma escolha só pode acontecer se houver percepção, discernimento, consciência. Você vive, experimenta, sente as coisas, então escolhe.

Chega um milhão de coisas na sua cabeça todo dia, e você está constantemente fazendo escolhas.

Agora mesmo, você vai ficar com a ideia antiga ou tomar esta nova? Vai prestar atenção no que está aprendendo ou ficar com as amebas que estão alvoroçadas com o que está lendo?

Diante disso, ninguém consegue parar de escolher. "Ah, não vou escolher." Já fez uma escolha. Não tem saída. O discernimento vai ou vai. E tudo que você escolhe está perfeito. Sendo assim, sua evolução está seguramente garantida. Por isso que você é a lei.

O "como vai" é seu. Vai sem dinheiro ou com dinheiro? Vai com ajuda ou sem ajuda? Vai encrencando ou vai na maciota? Vai na teimosia, batendo o pé feito criança e arrumando encrenca, ou vai fluindo como um bom aluno? Não importa como, mas você vai.

"E aonde vou chegar?" Sei lá. O seu lá é diferente do lá do outro. Hoje você chegou e aquilo já estava ali quando você chegou, e aí teve uma paz, e quando teve aquela paz, o que sentiu? Que a paz sempre esteve dentro de você.

Não é assim a sensação da verdade? Quando você chegou naquela descoberta, procurando aquela coisa, aquela resposta, pimba! Veio a resposta. E qual é a sensação? Nossa! Já estava aqui. Não saiu de mim. Foi o estímulo interno que provocou para que ela emergisse para a consciência. Toda vez que termino um poema ou um livro, tenho a impressão de que eles já estavam ali. Perguntaram para Michelangelo como ele esculpia aquelas estátuas tão maravilhosas. Ele disse que, ao ver o bloco de mármore, já via a obra pronta. Só vai tirando os excessos e descobrindo a estátua.

Na verdade, esses excessos na nossa vida são as ilusões. A essência apenas está encoberta por elas.

Muita coisa você percebe porque está emergindo à medida que você lê. A leitura está inspirando você, tirando as ilusões, sensibilizando, puxando e aquilo vai vindo. A gente chama isso de inspirar, motivar, provocar, sensibilizar, mas são palavras usadas para trazer o que já está.

"Ai que maravilha esta leitura!" Claro, já estava dentro de você... "Este livro é o máximo!" Não, ele só está trazendo à tona o que já está aí.

O máximo é a vida. Você é a lei. Seu verbo, sua fé faz a maneira como você caminha dentro do seu processo. Então, quando você crê desta maneira, vem para cá. Quando muda a crença, vai para lá.

É assim durante todo o caminho. Você vai do seu jeito, que é seu próprio exercício de desenvolvimento, porque tudo é relativo ao seu crer e tudo vai para o melhor sempre, e tudo é útil porque tudo é funcional e perfeito.

Todas as leis estão inter-relacionadas, pois tudo está ligado e tudo afeta tudo. A verdade é infinita porque tudo é infinito. Por isso você toma uma frase que sintetiza um aspecto da verdade.

Você pode ler uma frase a vida inteira e, cada vez que ler, ela vai lhe trazer alguma coisa. Ela é universal. Essa é a característica daquela frase, daquele ditado, daquela poesia. Ela tocou a verdade e tudo que toca a verdade ou mostra um ângulo da verdade é infinito.

Não é assim com seu livro de cabeceira? Cada vez que você o folheia vêm verdades diferentes. Lê o mesmo parágrafo vinte vezes e cada vez surge novo esclarecimento.

Para falar da lei do destino, fatalmente precisamos insistir no somatório das "fés". Não poderia deixar de ser, uma vez que são nossas crenças que moldam nosso futuro.

Você sabe que é você que faz sua realidade. Você é a base, você é a lei, você é suas crenças, e como foi dito no capítulo do crer, você não tem só uma fé. O que é este instante? É a realidade que está se formando a partir de suas "fés" ativadas.

Na verdade, este instante é feito do somatório das suas crenças passadas. "Ah, eu acredito que vai dar certo." Não basta só isso. Depende de outras "fés".

O que conta é o somatório para você, e cada um tem a sua, já que tudo é único, como vimos na lei da unidade. Cada um vai viver do seu jeito.

Você tem alguma crença antiga que já desativou. Você usou enquanto lhe foi útil, mas depois começou a pensar diferente, mudou seu ponto de vista, percebeu que não servia mais e a desativou.

Tem crença nova que está meio ativada, porque você está mudando. Tem crença que está totalmente ativada, ou positivada. Mas, não é só porque você crê que vai funcionar e, assim, vai obter aquilo que você quer. Depende de todas as crenças que estão ativadas.

É o somatório, é a proporcionalidade, é matemática pura. Como é o somatório em relação a isso? De cinquenta por cento para cima corresponde ao sim, e de cinquenta para baixo, ao não. Se der cinquenta na soma de suas crenças, você fica patinando no mesmo lugar. Se for cinquenta e um, dá-se com muita dificuldade, e não na qualidade ou quantidade que você queria. Se for sessenta, já começa a acontecer melhor e mais rápido. Setenta, vai que é uma beleza. Oitenta, já é quase um milagre, que você nem acredita. Agora, se for cem por cento, você somatiza instantaneamente e consegue exatamente como queria e até melhor.

Vamos tomar o caminho inverso. Para baixo de cinquenta, além de não conseguir o que você deseja, sua vida começa a piorar. Aos quarenta você já paga. Precisa dar, tem que repor. Não só não consegue, como perde.

É como cheque especial. Quanto mais você utilizá-lo, mais juros você paga. Aos trinta, paga mais, e assim por diante. Aos quinze, você já perde quase tudo. Só não abaixa de quinze porque há outras crenças no sim ativadas que seguram, mas já é o fundo do poço.

Então, o que vale é o somatório. Aí entra a outra lei, a lei da conexão. Tudo está ligado a tudo em todas as suas crenças ativadas.

Por exemplo, você pode estar muito bem consigo, se sentir ótima, as coisas estão indo bem, até que você se olha no espelho e, de repente, tem uma crise de ego, porque está feia, porque está gorda, porque está velha, porque está assim ou assado, começa a se comparar com a outra. Isso vem na cabeça, você permite, aceita e entra no negativo.

Pronto! O somatório despenca. De sessenta cai pra quarenta. "Ah, mas isso não tem nada a ver com a minha vida financeira, com a minha vida afetiva." Você é que pensa que não tem. É a lei da conexão funcionando. Aquilo que você faz consigo, o que você pensa da vida, tudo isso conta.

E quando o outro chega e diz: "Ah, eu não gosto de gente velha, de gente gorda"? Se você der crédito, vai se influenciar com a crítica dele, vai atingir seu ponto fraco e você cai. Sua média cai. Você estava se achando ótima, estava surtindo efeito positivo, estava sendo bem tratada, estava sendo elogiada, estava gostoso. Beleza. Aí entra nessa coisa, ativa uma crença negativa, e sua realidade é danificada por isso.

Não é só o crer que conta. É também o ativar o que crê. Você já resolveu uma crença, mudou para outra melhor, você melhorou, mas a crença antiga está lá e a qualquer momento pode ser ativada se você não tiver firmeza e posse de si. "Ah, isso é bobagem. É o que ela diz. É coisa da cabeça dela." Então, não a atinge e você continua com os sessenta por cento. A rejeição é uma crença.

Crer é uma coisa, outra coisa é o quanto você investe nas circunstâncias do dia a dia. Tem crença que você já firmou, não tem mais jeito de investir, mas tem crença que não está bem firmada, que ainda corre perigo de ser ativada por algum comentário de alguém e sua média pode cair.

Não é uma convicção plena, porque essa garante. Podem falar o que bem entenderem que o somatório não cai.

Portanto, o ato de criação das coisas e do seu destino depende da constância com que você alimenta suas crenças, de onde você investe. Há perigos? Há.

Conforme o grau do seu domínio vai crescendo com a evolução, você vai conseguindo entrar nesse universo de criar com mais facilidade e qualidade.

Muitas vezes o ego sofre influência do meio, da mãe, por exemplo, e a mãe, do filho, porque o domínio é o domínio do mundo sobre você, ou de você sobre o mundo.

Este é seu trabalho. Sair do domínio do mundo para entrar no seu domínio. E nesse processo você está vulnerável num certo grau. Por isso uma das maiores virtudes do ser humano é a posse de si.

A posse de si protege de tudo e de todos, de qualquer espécie de energia densa, e essa proteção é extensiva a tudo o que é seu. A posse de si representa a confiança em sua Sombra, em sua Alma, em seu Eu Superior e, em consequência, no Espírito Uno.

A pessoa que não tem posse de si, que fica assumindo responsabilidades que são dos outros, se sente confusa, atrapalhada, seus caminhos ficam cruzados com os dos outros, acaba ficando doente e sua vida vira um inferno. Se a pessoa for mais sensível, com uma mediunidade mais desenvolvida, tudo fica mais intenso e pior. Daí a importância da posse de si.

Ter posse de si é se aceitar como você é, espontaneamente. Nos trabalhos de terapia, a gente percebe que as pessoas não sabem o que é realmente se aceitar. A maioria chega dizendo: "Ah, mas eu me aceito e as coisas continuam na mesma". Aceitar-se é não se comparar a ninguém, é não se culpar, não se julgar inferior, é respeitar sua individualidade, seu temperamento, seu jeito de ser, é não desempenhar um papel para ser aprovado e aceito. Quem se aceita de verdade tem posse de si, é dono de si. Se você se enquadrar nos quesitos abaixo, que indicam a real posse de si, você pode dizer que é uma pessoa que se aceita.

Ter posse de si é se pôr em primeiro lugar. Quando você não se põe em primeiro lugar, você está pondo alguém lá e se rejeitando. Isso não significa ser egoísta, mas dar-se o devido valor. Quando você toma essa atitude, não quer dizer que esteja rebaixando ninguém, ou roubando o lugar de alguém. Cada um sabe onde se colocar. A pessoa, quando não se põe em primeiro lugar, está dizendo que os outros são mais importantes e, geralmente, para ganhar a aprovação, procura ser boa para eles, não importa o sacrifício dispensado. Se você age desta maneira, saiba que está dando uma ordem à sua Sombra:

vai para eles. E Ela vai para a mãe, para o pai, para o irmão, para a sociedade, e você fica vulnerável, sentindo-se um lixo.

Ter posse de si é sentir que o que você sente é mais importante do que as pessoas falam. O que os outros falam ou pensam de você, só interessa a eles. O importante não é aquilo que você aprendeu, mas aquilo que você aceita na sua experiência, o seu sentido, o que você gosta. Só você sabe o que é bom para si.

Ter posse de si é sentir que é ótimo, perfeito, corajoso e ousado, não se criticando, não se condenando, não se contrariando, aceitando suas vontades e seu temperamento. É sentir-se divino. Se você não se sentir ótimo, como poderá tomar posse de algo que tenha qualidade?

Quem tem posse de si não reivindica a consideração, a atenção, o apoio, o amor do outro com a intenção velada de se sustentar, embora, quando apareçam, sejam bem-vindos e muito agradáveis. Sua sustentação reside na posse de si e não no externo. Significa não delegar seu poder a ninguém. Quem tem posse de si não se compara a ninguém, visto ter sua individualidade bem definida, eis que se considera sui generis, *único, aceitando-se como é.*

Cultua para si o pressuposto "estou no mundo, não sou do mundo", e está longe de pertencer à vala comum. Investe em suas diferenças, abominando a mesmice. As forças da Sombra só obedecem quem tem posse de si. Se não tomar posse de si, fatalmente, outros tomarão. A posse de si é a base de toda força, da condição, da possibilidade de realização. Estamos falando das forças divinas em nós. Porém, essas forças não se encontram bem direcionadas devido exatamente à falta de posse de si. A gente vem de um nível sem posse nenhuma, totalmente na dependência do mundo externo. A posse de si tem muitos níveis, e é preciso galgá--los sistematicamente.[7]

Sua vulnerabilidade traz para você a inconstância, e essa inconstância gera um fluxo de realidade instável de altos e baixos. Isso é do momento evolutivo das pessoas. Vai e volta até se firmar naquela crença.

Mas, não significa que você não seja o responsável, o autor, o agente. Sempre será. Cada um é cem por cento responsável por sua realidade.

---

7 Trecho extraído do livro *Revelação da Luz e das Sombras*, dos mesmos autores deste livro, publicado pela Editora Vida & Consciência.

Você precisa entender a lei na dinâmica em que você se encontra. Por isso que é relativo a cada um e todas as leis trabalham em concordância no processo de constituição do somatório das crenças individuais. Nenhuma lei contradiz a outra. Ao contrário, elas se complementam. Uma ideia só é válida quando está coerente com todas as leis. É nesse contexto que entra o conceito de prosperidade.

Como todo mundo, você é uma pessoa interessada em prosperidade em todas as áreas da vida. O percentual de seu somatório é que determina o quanto você é próspero.

Geralmente as pessoas associam a prosperidade ao dinheiro. O dinheiro é apenas um item da prosperidade. Uma pessoa pode ser rica, mas não ser próspera. Por outro lado, uma pessoa próspera necessariamente será rica.

A prosperidade consiste em estar bem em todas as áreas da vida, na financeira, na da saúde, na dos relacionamentos, na profissional. De que vale morar num palácio de ouro e sofrer de solidão? De que vale um bilhão de dólares com a saúde abalada?

Diante disso, quando você perceber que não está sendo próspero tanto quanto queria em determinada área de sua vida, pare e pense nas suas crenças nas outras áreas que estão influenciando e diminuindo seu somatório. Ou seja, como é que está lidando com a aceitação de sua aparência? Como é que está lidando com suas capacidades? Como anda se portando no seu dia a dia? Anda dando muito ouvido aos outros? Está sempre procurando justificar suas atitudes perante os outros? Se submete ao outro no campo afetivo?

Todos esses aspectos mostram o quanto você se valoriza ou não, o quanto você anda submisso. Se você se desvaloriza numa área, por exemplo, na afetiva, vai baixar o somatório e a área financeira será afetada, pois desvalorizar-se, seja em que área for, é tirar valor de si, e seu espírito entende que é bom para você e tira valores de si, geralmente na área a que você dá mais importância. Pode não ser necessariamente a financeira, já que estamos falando em valor.

Para a pessoa que não dá muita importância para o dinheiro, porque já tem bastante, a área que vai perder será aquela a que ela mais valoriza. A da saúde, por exemplo. Assim, sendo baixa o somatório, ela vai perder na saúde.

A crença precisa ser alimentada. Você quer comprar um carro novo e, naturalmente, quer que tudo dê certo. Beleza. Então, precisa ver como está sua média de "fés". Você pode fazer visualização, se ver dentro do carro, pode fazer uma série de técnicas que impressionam seu subconsciente.

É suficiente? Não. Você fez sua magia, está na fé que o universo o mantém, mas a coisa não se dá. E agora? "Ah, não vejo nada que possa interferir no meu processo." Vai lá nos ressentimentos, na área afetiva, na área familiar e analise.

Se você está ressentido, é porque seu ego se feriu. Se continuar nutrindo o ego, a ilusão, em vez de respeitar a pessoa verdadeira que você é, aquela que quer sossego no seu coração, se não resolver isso, não vai aumentar o somatório. Se você não perdoar aquele namorado do passado, não vai acontecer.

"Ah, porque ele me ofendeu, porque a briga foi feia e eu ainda não resolvi." Não adianta. Vai ter rolo. "Ah, mas poderia acontecer." Poderia. Condição é uma coisa, a lei é outra. Isso não tem nada a ver com aparência, com destino, com carma. Se você está num somatório positivo, acontece. É a lei e a lei é justa.

Há outro elemento nessa matemática toda. A manutenção. Qual é a sua condição, a sua disposição para ficar com essa postura interior, para manter-se nas alturas? Obter sucesso não é o mais difícil. Quero ver manter-se no sucesso. O destino é feito do somatório das crenças ativadas. Então, vai lá na sua vida. Quando foi que você melhorou? Como você era? Como você estava interiormente? O que você mudou? Como acreditava? O que aconteceu? Em que área mexeu que sua vida pegou fogo?

Analise e veja os resultados positivos ou negativos que teve na época. Será que está fazendo o seu melhor nessa área? Vai lá, não deixe as ilusões, o ego, tomarem conta. Fique no que você acredita, mantenha-se naquilo, fique no positivo até firmar. Pronto! A média aumenta e naquela outra área que você queria melhorar, acontece.

Qual a área mais problemática da sua vida? A afetiva, a financeira, a profissional, a da saúde ou a familiar? É lá que você precisa trabalhar. "Ah, porque estou precisando melhorar minha situação financeira." Beleza. Aí vem aquele familiar pedinte e você se compadece da situação dele e cede. Às vezes faz até um empréstimo para satisfazê-lo. "Não, porque é meu filho, é minha irmã, é minha mãe..."

Na sua vaidade, no seu ego, você acredita que o outro é um coitado. Você acredita que o outro é menos e, então, você tira de si para dar para ele. "Ah, não posso negar pra minha irmã, pra minha amiga, para o meu filho, porque vai pegar mal." Aí acaba dizendo "sim" contra você. Está feita a encrenca. Seu desvalor diminuindo o somatório.

A parte que você quer resolver, que é a financeira, não vai. Por quê? Por causa de outra lei, a lei da integridade, porque não é a primeira vez que você faz isso. Quanto mais vezes você fizer, pior é o resultado, pois você já sabe. Quando você não faz seu melhor, você perde. Você já sabe e não faz. Dessa forma, o preço é maior, porque tem menos defesa. A lei da integridade só lhe defende se você fizer seu melhor.

A pior vaidade que existe no Brasil é querer ajudar os coitados. Este é o país dos coitados. Todo mundo se sente obrigado moralmente a ajudar os outros. Se não ajudar, é falta de caridade. Morrem de pena dos favelados.

Está todo mundo na miséria, tanto quem ajuda como quem é ajudado. Não só na miséria física, mas na miséria emocional, na miséria de saúde, e morrem nessa miséria.

Chegando ao astral, vão parar no umbral e não saem daquela condição terrível enquanto não enxergarem a verdade, se arrependendo do que fizeram contra si ao se desvalorizar, tendo assim condição de alguém interferir para obterem ajuda verdadeira, porque o arbítrio de cada um é sagrado.

Aliás, antes de morrerem já atraem a condição miserável. Primeiro, cai o financeiro, depois a saúde, depois o equilíbrio na família que começa a odiá-los, e se tornam aquelas pessoas jogadas, abandonadas num hospital sem ninguém, só pedindo, pedindo, e os familiares brigando pelo que sobrou.

Esses destinos horríveis que a gente vê, infelizmente, com certa regularidade são produtos da desvalorização, do autoabandono. É porque a cultura do povo brasileiro é valorizar o outro, dando para o outro e tirando de si. E quem não der para o outro é chamado de egoísta, de ruim.

Para dar é preciso olhar a quem. O dar inteligente, o dar positivo, é um grande prazer pra gente. É preciso ver em que solo a semente vai

germinar e crescer, e quem deu vai ter o prazer de ver aquela planta crescer por si.
Não é o amor que determina, mas a condição do solo da pessoa. Não se pode dar para desesperados na miséria. Desesperado não assume responsabilidade.
Você se lembra da parábola dos talentos? Quem já fez uma, fará a segunda, a terceira e a quarta. Você pode errar fazendo uma; quando vir que não dá resultado, pare.
Verifique o comportamento da pessoa, sua arrogância, metido, pedinte, se fazendo de coitado. O arrogante só quer, quer, quer, acha, acha, acha, e como não aprendeu a lição, fez muita coisa errada, vai querer se agarrar aos outros, e se o outro não for firme, não souber dizer não, não se valorizar, também cai junto. O que se acha coitado é um poço de orgulho que não aceita o erro. Acha que está naquela situação por culpa dos outros, vem sempre com um monte de desculpas e nunca é o responsável.
Desse modo, na estrutura dele não se pode mexer, porque só por meio da vivência vai criar condição de assumir.
O abandono dessas criaturas jogadas na vida é a única porta para despertarem para si

e pensarem em assumir suas necessidades, suas responsabilidades, e realmente fazerem alguma coisa por si mesmas, na modéstia.

O que é modéstia no Brasil não passa de vaidade. Passa longe da verdadeira modéstia, porque esta ficou por aprender devido à cultura do povo. Se deixar se levar pelo outro, é perigosíssimo. Toda pessoa de sucesso, seja na área profissional, na financeira, na afetiva, na relação familiar, tem muito "sim" na sua postura, nos valores, e consegue se manter indo pela inteligência.

Tem espírito que, quando percebe que na família a coisa é feia, um bando de pedintes irresponsáveis, se afasta dela. Os outros, claro, vão falar mal. Porém, aquele que consegue se destacar e começa a dar isso para a mãe, aquilo para o irmão, aquilo para o pai, se essas pessoas não estão à altura de receber, ele se acaba.

Por outro lado, o outro que vai, não dá trela para a mãe, para o pai, toma as rédeas, incentiva a família, põe pra estudar os irmãos, esse vai adiante, deslancha e realmente ajuda os demais. Ele pratica a bondade verdadeira, porque a bondade verdadeira tem que fazer o bem para os outros e para si, senão não é o bem.

A lei do destino vigora a cada momento. Às vezes você está bem, mas tem essa fraqueza, basta ter alguém na família com necessidade que você já se apieda, tira de si para tirá-la daquela situação.

Se você tiver uma posição firme de acordo com a lei, e quiser prosperar na vida, você não pode ter esse sentimentalismo pela família. É preciso não permitir que seu ego domine achando que tem que resolver os problemas deles.

Ajudar não é assumir o outro. Mas, se a sua situação permite e você gosta de fazer, ótimo, porque é gostoso ajudar. Porém, não se esqueça da lei da integridade. Se já pagou para estar hoje nessa situação melhor, você precisa fazer seu melhor, senão você vai cair.

Às vezes nem é dinheiro que o outro pede. É aquela pessoa que vem com um problema particular e você já absorve. "Ah, eu tenho que ajudar. Preciso fazer alguma coisa para essa pessoa, porque é meu amigo." Aí, você larga suas coisas para lhe fazer companhia, para socorrê-lo. Você vai por causa do ego. "Ah, eu sou uma pessoa muito boa. Sou uma pessoa que ama os outros e preciso salvar esse amigo."

É pura vaidade para se mostrar e ter aplauso. Você vai é caçar encrenca, porque seu somatório vai cair. É um problema da pessoa e você não tem nada com isso. Se alguém pedir sua ajuda, veja suas condições e as dela para ver se é algo inteligente, senão caia fora.

Uma das coisas mais prazerosas da vida é ajudar as pessoas, mas tem que fazer com inteligência. Você não pode perder. Então, tanto você como os ajudados sentem alegria e todos ganham. Isso é ótimo.

O erro é a coisa mais preciosa da vida e faz parte do processo da constituição do destino. Tem tanto aprendizado nele! Mas, as pessoas não ligam devido à cegueira da vaidade: é um coitado. A pessoa não tira o lucro do erro para investir e ter sucesso.

Logo, como ela vai ter sucesso, se o sucesso é a própria lei do mérito? A ninguém é dado se não tiver mérito. O tanto que a pessoa mama na vaidade do outro é o tanto de abandono que ela faz. Isso é válido tanto para quem mama quanto para quem é mamado.

Quando a gente vê os erros da pessoa com os olhos da alma, com compaixão, percebe como o processo da vida é lindo, caprichoso e justo.

Não tem escapatória. Se não vai daqui, vai dali, mas vai do jeito dela, do seu modo, na sua individualidade. A gente percebe como de fato não há vítimas, não há coitados. Há apenas pessoas irresponsáveis consigo mesmas e que, mais cedo ou mais tarde, vão perceber que o poder está nas mãos delas e não nas dos outros. Aquela dor que estão passando é apenas o estímulo para elas despertarem. Elas melhoram mesmo não sabendo que o processo é assim, apenas porque não sabem olhar, mas para acelerar o processo evolutivo, precisamos saber olhar e observar a vida para evoluirmos com inteligência e sem dor. O bom aluno tira lição de tudo e a usa, com seus erros e com os erros dos outros.

Por falar em destino, o futuro já está definido? Não, por uma simples razão: o futuro é feito pelas crenças ativadas, e a qualquer momento você pode mudar suas crenças, alterando seu futuro. O somatório das crenças de cada um ninguém sabe. O que tem aí dentro de você nem mesmo você sabe, e pode emergir a qualquer instante por meio de algum estímulo.

O ser humano é imprevisível até mesmo para ele. Que atitude você vai tomar? Que escolha você vai fazer? E assim cada um vai moldando seu futuro. Há uma sincronicidade nos acontecimentos devido à lei da perfeição.

Tudo é sincrônico. Nada acontece na vida da pessoa se não for funcional. Não há coincidências, não há acaso, não há fatalidade. Se existe o arbítrio, não pode haver determinismo.

Obviamente há forças maiores que as nossas que interferem nos processos individuais, como as forças cósmicas, mas sempre no sentido daquilo que cada um é para ser em espírito, pois o espírito, nossa ligação com o divino, tem todas as respostas e todas as soluções e um potencial infinito de realizações.

Crença comum

"Meu destino já está traçado. Então, não preciso fazer nada, já que tudo está definido."

Lei do destino

Não. A maneira como você vai conseguir não está definida. O caminho, o tempo não está definido. Ele muda a todo momento dependendo de suas escolhas. O que está definido é que, custe o que custar, você vai conseguir as realizações, mas nem você sabe quais serão. Elas serão relativas e podem mudar a qualquer instante. Você tem uma eternidade pra isso. Dependendo de suas crenças e atitudes, podem acontecer a qualquer momento.

Uma coisa que você desejava tanto no passado, hoje pode não querer mais. Veja aí se já não aconteceu isso com você. Mas esse questionamento não importa. Realização é realização. É tudo de bom.

E, olha, quando você confia no espírito, as realizações são melhores que aquelas que planejou. Se você não fizer nada, também chegará. Mas, se fizer a seu favor, o processo vai acelerar. Você vai cortar caminho. É uma escolha sua.

Você pode querer realizar uma viagem fantástica ou ter a casa dos seus sonhos daqui a três anos, mas se as condições permitirem para daqui a um ano não seria melhor?

A estátua já estava dentro do bloco de mármore, porém nem Michelangelo sabia que ficaria tão perfeita.

Tanto é que, quando terminou a estátua de Moisés, que se encontra na basílica de San Pietro in Vincoli, em Roma, ele olhou para ela, deu uma martelada no joelho da estátua e perguntou:

"Perché non parli?" [Por que não fala?]. O sinal da martelada está lá gravado.

Crença comum

"Pedis e recebereis. Eu acredito que quem pede recebe."

Lei do destino

Se não estiver nos planos do seu espírito, não vai receber. Depois, só pedir e acreditar não basta. É preciso ver se o somatório das "fés" permite. Veja aí com você. Você recebeu tudo que pediu?

Crença comum

"Credo! Aqueles dois não têm jeito mesmo. Vivem errando."

Lei do destino

Ninguém sabe errar. Cada um só faz o que sabe. O erro é a coisa mais preciosa da vida e faz parte do processo da constituição do destino. Tem tanto aprendizado nele!

No entanto, as pessoas não ligam devido à cegueira da vaidade: é um coitado. A pessoa não tira o lucro do erro para investir e ter sucesso.

Assim, como ela vai ter sucesso se o sucesso é a própria lei do mérito?

A ninguém é dado se não tiver mérito. O tanto que a pessoa mama na vaidade do outro é o tanto de abandono que ela faz. Isso é válido tanto para quem mama quanto para quem é mamado.

Quando a gente vê os erros da pessoa com os olhos da alma, com compaixão, percebe como o processo da vida é lindo, caprichoso e justo.

DÉCIMA LEI

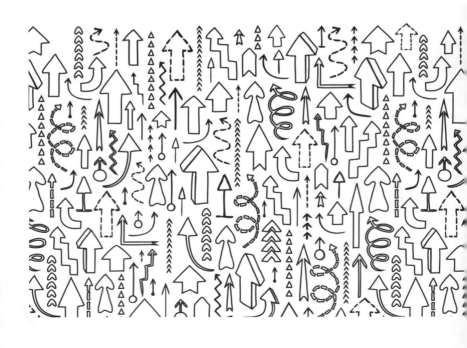

Lei da perfeição: TUDO É PERFEITO

A lei da perfeição também é a lei de que tudo está certo. É a lei da segurança, da justiça, da certeza, da harmonia, do domínio, do absoluto, do poder, da funcionalidade. É a lei em que o funcionamento jamais passa por algum engano, por algum defeito, por alguma inutilidade, por algum caos, por nada.

Absolutamente tudo tem sua função. É como se fosse uma música harmônica em que todos os elementos têm uma interligação tão funcional que a gente chama de perfeição.

É a indicação de que não é verdade que qualquer pensamento, qualquer ideia seja desvirtuada ou errada, que tenha alguma falha ou que seja algum mistério.

Quando você parte da ideia de que tudo é perfeito, de que tudo está certo, imediatamente a lei começa a se revelar. Se você entrar no drama de que está tudo errado, de que não tem saída, de que tem problema, as coisas que você quer não acontecem. Não adianta. O somatório das suas "fés" fica no negativo. Essa lei precisa ser usada em qualquer coisa que você necessite saber, que você precise entender, qualquer coisa de que você queira uma resposta, uma orientação, enfim, alguma coisa que precise resolver em seu caminho. Em qualquer dessas situações, afirme: "Tudo é perfeito. tudo está certo".

A palavra perfeição é ampla, funcional, certa e justa. Nada é perdido, nada é sem sentido, nada é sem propósito, tudo conta, tudo soma para sua evolução, mesmo as ilusões.

Quando você começa a dizer que tudo é perfeito, a lei se revela e começa a vir na sua cabeça o entendimento diretamente das fontes da vida. Tudo se encaixa, tudo fica claro, tudo se explica. Você se localiza e age na segurança, porque você aceita e entra na modéstia, e sua vida começa a fluir. A própria lei o orienta, porque é a ação do espírito em você.

A lei não esconde nada. Tudo que você precisa saber lhe é revelado. É o ser humano que, no seu arbítrio, escolhe determinadas posturas que cegam. Mesmo assim, as escolhas foram perfeitas.

Na lei da perfeição não há vítimas, não há juízes, não há arrependimentos, porquanto não há culpas, não há mágoas, não há ódios, não há vinganças. É a limpeza total interior para que você possa plantar o novo que, com certeza, crescerá com todo vigor e dará os frutos desejados e até mais. É a liberdade total interior, e liberdade interior significa liberdade exterior.

Pense aí com você e sinta o alívio que dá, a paz que dá, a serenidade que dá ao saber que você nunca errou, nunca erra e nunca vai errar, tenha feito o que tiver, escolha o que escolher.

"Ah, mas eu prejudiquei aquela pessoa." Não. Você não é responsável pelo que o outro atraiu de você. Só os prejudicáveis são prejudicados. Foi a vida, na sua sincronicidade, que juntou vocês dois para vivenciarem aquela experiência e ambos aprenderem algo que precisavam.

Não pode existir perfeição e imperfeição. Ou tudo é imperfeito, injusto e está terminando e acabando, ou tudo é perfeito. Não pode ser imperfeito, porque nada está acabando, mas se transformando, evoluindo, expandindo conforme o universo expande, e nisso tem uma ordem, tem uma inteligência, tem uma justiça.

Tudo é perfeito, tudo está certo. Assuma isso, vista isso, viva isso, ande com isso que tudo perfeito fica. Se não fosse perfeito, Deus não deixaria acontecer, porque Ele não cria nada que não seja funcional.

Sabe aquele crime que revoltou o país? Foi perfeito, foi funcional para ambas as partes. Você acha que não? Por que será que Deus deixou acontecer? "Ah, porque Deus deixa o ser humano escolher." Piorou! Deus sabia que o assassino ia escolher matar e mesmo assim permitiu?

Aliás, se for pensar por este ângulo, Deus, por meio da natureza, faz coisas até piores. Manda um tsunami, um terremoto, um furacão que mata milhares de pessoas, e não separa as criancinhas indefesas e inocentes. As pessoas ficam chocadas, mas não revoltadas. Agora, se um crime for praticado por um ser humano, todo mundo se revolta e pede sua condenação imediata, se possível pagando na mesma moeda.

Quando o trabalho é feito pela natureza, dizem: "Foi obra da natureza". O ser humano, aos olhos de Deus, também faz parte da natureza.

Outro exemplo: um soldado que vai para a guerra e mata centenas de pessoas volta para seu país como um herói. O soldado, por sua vez, não vai sentir nenhuma culpa por isso.

Pode ter outros problemas psicológicos, mas não vai sofrer de culpa.

"Ah, mas na guerra pode", dizem. Por que pode? "Para defender seu país", acrescentam. Mas quem inventou a guerra não foi o homem? "É, mas o soldado foi obrigado a ir para a guerra." Não foi obrigado coisa nenhuma. Ele podia muito bem se negar a ir. Pagaria um preço por isso, é verdade, mas pouparia vidas humanas.

É diferente daquele que mata em legítima defesa. Não foi o soldado que promoveu a guerra. Agora, os governantes, na sua ignorância, declaram guerra e os soldados têm que ir para o campo de batalha, enquanto eles ficam em total segurança, dando ordens?

Do ponto de vista da natureza, tanto faz matar numa guerra, num assalto ou num terremoto. Morte é morte.

É que as coisas não são bem assim. Tudo está perfeito, tudo está certo, tudo é funcional. Se não fosse, Deus não permitiria. Do ponto de vista da espiritualidade, a morte e o tipo de morte não contam nada.

O tempo, tanto aqui como no astral, não é levado em conta, já que somos eternos. Vimos, também, que cada um, junto com seu espírito, é cem por cento responsável por tudo de bom ou de ruim que acontece em sua vida, seja adulto seja criança, porque o espírito não tem idade. Todos trazem consigo o resultado das crenças e atitudes desde sempre, inclusive de outras vidas.

Por isso não podemos tirar conclusões dos fatos e acontecimentos simplesmente pelo momento em que ocorrem. Há todo um processo que vem se desenrolando anteriormente e desfecha naquilo que trará novos conhecimentos, novos aprendizados para a próxima etapa da vida, seja aqui na matéria seja no astral, adentrando a próxima encarnação.

Com isso, os envolvidos desenvolvem virtudes, habilidades, faculdades, criam estruturas interiores, expandem a consciência e evoluem. No final, tudo se ajeita, tudo tem um resultado positivo. O assassino, por exemplo, na próxima vida, pode ser pai e devolver a vida que tirou.

Nunca ninguém perde. Tudo soma. É claro, se você não considerar a eternidade da vida e a reencarnação, tudo isso seria muito injusto. Por essa razão a reencarnação é uma bênção, uma nova oportunidade, uma prova da generosidade divina.

"Não julgueis, para que não sejais julgados. Pois com o critério com que julgardes, sereis julgados; e com a medida que usardes para medir a outros, igualmente medirão a vós" (Mateus 7,1-2).

Quem aceita a perfeição aceita a vida como ela é, entra na modéstia, na verdadeira humildade, e tudo começa a fluir a seu favor.

Felicidade é coisa para humildes. Acabam-se as críticas, as angústias, as ansiedades, as aflições, os medos fantasiosos, os julgamentos, os juízes, as vítimas, os réus, as cobranças, a pena, a piedade, o dó dos outros e de si mesmo. Só resta a compaixão e o amor. Somos todos inocentes. O perdão deixa de fazer sentido.

Por essa razão que é a lei da harmonia. Você vai ser envolvido por uma paz mental, espiritual e emocional tão grande pelo fato de não resistir a nada, que sua vida não tem outra opção senão fluir cada vez melhor.

Os chineses dizem que a água é a coisa menos resistente que há, porque ela enche e transborda, contorna os obstáculos e continua seu caminho em direção ao mar.

"Eu, porém, vos digo que não resistais ao mal" (Mateus 5,39).

A Ciência, quando quer, vai, pesquisa e acha a resposta. A lei também não esconde nada. Não há mistérios, há o desconhecido, porque as pessoas não sabem da lei. Quantos mistérios não havia na Idade Média que hoje são coisas óbvias? A lei não esconde nada porque você é a lei viva. Você não é produto da lei, mas a própria lei.

Por isso seu verbo é seu verbo, sua crença é sua crença, sua escolha é sua escolha, sua realidade é sua realidade. Não há nenhuma condição, não há acaso, não há coincidência, não há sorte, não há azar, não há carma. Há o espírito que tem todas as respostas e todas as soluções. Então, você tem que receber seu espírito, incorporar seu espírito, se apossar do seu espírito. Plagiando o apóstolo Paulo em Gálatas 2,20, "não sou eu quem vivo, mas o espírito vive em mim".

Feche os olhos agora e diga: "Quero receber meu espírito; eu incorporo meu espírito; o espírito em mim se manifesta; meu espírito age agora". Perceba como toda bioenergética muda. Se você não usar seu espírito, não vai chegar a lugar nenhum.

Qual é a sua situação? A inconsciência de seu espírito. Você aprendeu sobre domínio, mas o que não domina ainda é a fé. Você acha que a fé é condicionada a provas. O universo não é assim. A fé não está condicionada a provas nem a situações. A fé é escolha, é arbítrio. Escolha ter fé "em...". É para você e acabou. Não tem condicionamento, não tem passado, tudo que você escolheu não existe mais. Se escolhe o que não tem, não tem. Se escolhe o que não é, não é. Se escolhe o que é, é. Se escolhe o que tem, tem. Se escolhe o que quer criar, cria, e o que não quer, não cria.

É só você que escolhe, porque você é a lei. Você é o poder vivo do espírito e essa é a condição de qualquer ser humano e não de uns especiais. O ser humano é pura magia, porque o espírito é a magia. Você não consegue as coisas porque seu somatório das "fés" é baixo.

Quando está no espírito, você tem harmonia, tem a perfeição, porque não lhe falta nada, pois a lei é sábia. Fazendo uma analogia com o Salmo 23, "vós sois meu pastor, ó espírito, nada me falta se me conduzis".

Como a lei é sábia, toda sabedoria é sua. Basta estar na postura do espírito que a ideia,

a visão, a explicação, a inteligência, a inspiração e a solução vêm.
E vêm pra cada um do seu jeito, conforme a lei da individualidade. Cada um é seu próprio mestre, sua própria fonte, porque a individualidade é sagrada. A essência de Deus é a individualidade.
Acorde para o seu espírito. Não há nada além do seu espírito. Adore-o para recebê-lo. Tudo que você passou foi você que fez, na escolha, na fé, no espírito. Nesse poder você fará tudo que quiser.
Quando você declara, afirma e coloca fé, você cria e descria. É o maior poder que existe no universo. É o poder divino agindo por meio do seu espírito.
Mesmo os que não estão no espírito estão criando sem saber, só que a criação é limitada. Quem está no espírito cria sem limites, porque o espírito é ilimitado.
"Espírito em mim, caminha comigo, purifica-me das dores. Cria só no prazer, na riqueza infinita. Possui-me como eu a ti. Eu não creio em interferência dos outros. Só de ti, meu espírito. Meus caminhos contigo só têm ajuda e abundância."

Diga isso com frequência que, aos poucos, seu mental vai cedendo e o espiritual vai tomando conta.

"Se vivemos no Espírito, andemos também no Espírito" (Gálatas 5,25).

Você pode dizer também o seguinte: "O espírito em mim é amor, é saúde, é cura, é paz, é sabedoria, é conhecimento, é abundância, é solução, é certeza de agir, é o melhor, é o justo, é liberdade, é o poder e domínio". Tudo que precisar você fala.

"Mas o fruto do Espírito é: amor, alegria, paz, longanimidade, benignidade, bondade, fidelidade, mansidão, domínio próprio. Contra estas coisas não há lei" (Gálatas 5,22-23).

Não há o profano. Tudo é sagrado porque tudo é do espírito. Não há futilidade, mas utilidade. O espírito permeia tudo e torna tudo perfeito. Para que isso possa ser viável, os preconceitos precisam ser abandonados. Os conceitos de divisão, os conceitos de que isso é assim, é assado, não poderão mais existir, porque tudo é relativo e individual.

Assim, você vai rompendo o modo de olhar para ir adquirindo o modo do espírito, que é o seu modo. Seja ungido pelo seu espírito. Só o espírito tem o reino de Deus.

Crença comum

"Me sinto tão culpado por ter feito aquilo..."

Lei da perfeição

Na lei da perfeição você nunca errou. Fez somente o que era possível fazer na época, segundo seus conhecimentos de então. "Ah, mas eu sabia e mesmo assim fiz." Você não sabia cem por cento. Numa fração de segundo, você fez aquela escolha, porque ainda havia um resquício de desconhecimento.

Quem sabe cem por cento não tem como agir senão dentro do conhecimento, porque o espírito é justo.

Einstein disse que "a mente que se abre a uma nova ideia jamais voltará ao seu tamanho original".

Diante disso se conclui que, quando se tem o conhecimento, não tem como agir fora dele. Ninguém tem absolutamente culpa de nada.

Somos todos inocentes. Todo mundo só faz o que sabe, dentro do seu grau de evolução. As culpas são apenas distorções da consciência, porquanto, ilusões.

Tudo está certo, tudo está perfeito no seu devido lugar. Se não fosse para acontecer, seu espírito não deixaria, e aquilo foi de grande utilidade para você.

Crença comum

"Viu como você prejudicou aquela pessoa?"

Lei da perfeição

Ninguém prejudica ninguém. É o outro que é prejudicável. Tudo é perfeito e funcional e tem sua utilidade. Cada um é cem por cento responsável por tudo que acontece em sua vida.

As pessoas atraem outras que as prejudicam, porque elas se prejudicam se desvalorizando, se criticando, se abandonando, contemporizando, dizendo sim aos outros e não para si, fazendo tipo para obter apoio, consideração, afeto, aplauso, amor.

Como a vida nos trata como nós nos tratamos e não como tratamos os outros, aparecem os "prejudicadores".

Os outros não nos prejudicam. Só vêm mostrar o que estamos fazendo contra nós mesmos. São companheiros de jornada.

Crença comum

"Preciso tanto me encontrar com ele para lhe pedir perdão."

Lei da perfeição

Ninguém erra com ninguém, por isso perdoar não faz sentido. Perdoar não é sublime. Sublime é entender que cada um atrai para si as experiências de que precisa para evoluir e que cada um é responsável por tudo que ocorre em sua vida.

Só o orgulhoso perdoa, porque está julgando o outro, dizendo que ele errou consigo. E se o outro errar de novo? E se errar dez vezes? Vai passar a vida perdoando? Por trás do perdão geralmente tem um recado: "eu o perdoo, mas não faça mais isso comigo, viu?".

Quando alguém pergunta "você me perdoa?", significa que se considera inferior e culpado, e que o erro é um mal. Mesmo que o suposto infrator o perdoe, não adianta nada, porque seu espírito entende que é devedor, pois errou e fatalmente será cobrado.

Além disso, está delegando seu poder ao outro. Normalmente as pessoas perdoam, mas permanecem resignadas, ou seja, continuam ligadas. Não importa o que o outro fez comigo. O que importa é como eu trabalho a situação aqui dentro de mim.

Se eu fico ligado ao outro, estou lhe delegando o meu poder. É uma questão de inteligência. "Não, você não me deve nada. Não precisa me pedir desculpas. Já está liberado. Você é que precisa ver isso aí consigo."

Ao transcendermos o perdão, na consciência de que o outro não foi responsável pelo que de desagradável nos ocorreu, estamos praticando uma das mais belas virtudes, que é a verdadeira humildade, e tendo os mais nobres sentimentos: o verdadeiro amor e a compaixão.

Com o tempo deixaremos de atrair a agressividade dos outros, pois não terão mais nada para nos mostrar. Sublime é não precisar perdoar.

Crença comum

"Se eu sou responsável por tudo de ruim que acontece em minha vida, então posso deixar o outro fazer de mim gato e sapato e está tudo bem?"

Lei da perfeição

De maneira alguma. Está perfeito tudo que o outro fez com você. Ele não tem culpa se você o atraiu para sua vida. Isso não significa que o outro possa fazer de você o que bem entender e tudo bem. Saber dizer não também é uma grande virtude.

Se você se sentir invadido, use a inteligência, se valendo do que estiver disponível no momento para garantir seus direitos e sua proteção e, caso seja necessário, vá à justiça.

Porém, depois de passada a emoção, recolha-se ao seu silêncio interior e se responsabilize pelo fato, liberando o outro. A autorresponsabilidade é uma atitude interior.

Crença comum

"Não suporto a injustiça."

Lei da perfeição

Não há injustiça, não há vítimas, tudo está perfeito. Cada um é cem por cento responsável por tudo que acontece em sua vida.

"Não julgueis, para que não sejais julgados. Pois com o critério com que julgardes, sereis julgados; e com a medida que usardes para medir a outros, igualmente medirão a vós" (Mateus 7,1-2).

Crença comum

"Não posso ver um mendigo na rua que morro de pena."

Lei da perfeição

Cada um está onde se põe. Tudo é perfeito. Pena, piedade e dó são sentimentos que precisam ser erradicados da nossa vida. Não há vítimas. Como podemos ter pena de alguém que tem todo o poder dentro de si?

Quando você olha para alguém, por mais lastimável que seja a situação dele, com sentimento de pena, piedade ou dó, está tirando todo o poder que Deus deu para ele. Está rebaixando mais ainda a condição dele. Está sendo pretensioso, achando que Deus errou com ele. Por que será que Deus permite que ele passe por aquela situação? Por que temos que corrigir Deus?

Em potencial todos somos iguais, porém diferentes nas manifestações individuais. Uns já desenvolveram certas habilidades, têm a consciência mais expandida, e outros é só uma questão de tempo.

Quando vir um mendigo, uma pessoa doente, alguém passando necessidades, sofrendo muito, olhe para ela com os olhos da alma, que não julgam, e não com os olhos imediatistas da cara, e perceba que aí tem uma pessoa com todo o poder dentro de si, como você e todo mundo têm, que ele está passando por aquela experiência momentaneamente, para desenvolver alguma faculdade, alguma virtude, alguma habilidade, porque tudo é útil.

Assim, você não estará tirando o poder dela. Não a estará colocando ainda mais para baixo. Ao contrário, estará elevando-a. Estará trocando a pena, a piedade e o dó por um sentimento muito sublime, que vem da alma, chamado compaixão. Sua energia dirigida a ela não será tóxica, mas nutritiva. A alma dela perceberá e vai tratar de instigá-la a mudar de crenças e atitudes, melhorando, consequentemente, sua vida e a vida dela.

Essa pena que você sente é uma carência sua. A pior das carências, a carência espiritual. É você que está sendo digno de pena, pois não acredita um centavo no seu espírito e, consequentemente, no espírito dos outros, que têm um potencial do tamanho de Deus, só não estão sabendo usá-lo, por enquanto.

Crença comum

"Não consigo perdoar meu marido por ter me traído."

Lei da perfeição

Está tudo certo, está tudo perfeito. Cada um está onde se põe. Ninguém trai ninguém. É a pessoa que atrai a traição porque é traível, e cada qual é responsável por tudo que ocorre em sua vida.

Depois, esse negócio de fidelidade é bobagem. Se você pautar seu relacionamento pela fidelidade ou infidelidade, adianto que já fracassou, porque não podemos e não conseguimos mudar e controlar as pessoas para satisfazerem nossas vontades.

As pessoas são como são e ponto final. Há tantos outros aspectos mais importantes num relacionamento. Sexo é importante, mas não é tudo nem o principal. Quem decide com quem quer ficar não são as pessoas, mas os espíritos de ambos.

Por isso, releve, se libere desse apego doentio na infidelidade que só a prejudica e a deixa presa na pessoa, pois seu poder está com ela.

Crença comum

"Essa mulher não se manca mesmo. Apanha do marido alcoólatra quase todo dia e não larga esse cafajeste."

Lei da perfeição

Como a vida é perfeita e justa! Todo alcoólatra é um poço de orgulho. Como não consegue relaxar por causa da arrogância, se vale da bebida para isso. Aí vai cair na rua, se humilhar, vai ser motivo de chacotas, perde completamente a autoridade, inclusive para as crianças, até ceder. Quando ele aceita sua situação e entra na modéstia, para de beber.

A mulher, por sua vez, está no lugar onde se pôs e atraiu um marido dessa qualidade porque também é arrogante. Toda pessoa submissa é orgulhosa. É o oposto da verdadeira humildade. Faz-se de coitada para não assumir responsabilidades. Tudo é os outros. Sente-se bem quando os outros sentem pena, piedade ou dó dela.

Veja como a mulher do alcoólatra se desvaloriza. Não se considera, tira de si para dar tudo para os outros, principalmente para os filhos, não sabe dizer não, e assim a vida a trata do jeito que ela se trata, atraindo um marido alcoólatra. Está perfeito.

As dores de ambos, porque é uma vida conjugal infernal, são a linguagem que entendem para desenvolverem o conhecimento, a lucidez e tomarem jeito. Se já tivessem um pouco de lucidez, não teriam se atraído.

Essa é a função da dor: estimular para a gente sair da própria dor. Ninguém briga com ninguém. Estão apenas se entendendo, se conhecendo, experienciando e, certamente, vão tirar proveito daquela situação dolorosa, mesmo que não percebam de imediato.

MENSAGEM FINAL
DO CALUNGA

A lei da perfeição abraça todas as demais leis pela sua grandeza. Não cai uma folha sem que seja da vontade do meu Pai. Nada acontece por acaso, não há sorte, não há azar, não há vazio, não há acidentes, não há coincidências.

Tudo tem um propósito, tudo está onde precisa estar, tudo acontece no momento certo, tudo está perfeitamente certo.

Tudo segue uma inteligência, que são essas leis. Tudo é perfeito.

Eu sou único e sempre serei. Transformar-me-ei, evoluirei, desenvolverei meus potenciais na funcionalidade, nas capacidades, e tudo fluirá comigo ligado com tudo.

Tudo está marchando comigo e com todos.

Tudo vai gradualmente de uma coisa levando à outra, uma coisa influenciando a outra e tudo vai se interligando, tudo vai se alimentando de tudo e tudo é nutrido de tudo.

Tudo está evoluindo sem que nada, absolutamente nada, seja inútil, seja esquecido, seja errado, seja falso. Até a falsidade desenvolve a gente na articulação da expressão.

Quem não for falso jamais será um espírito articulado, porque falsidade é a capacidade teatral de vestir e criar personalidade no ser humano, nos seus dons mais brilhantes. Sem a prática da falsidade, jamais serei um espírito hábil e expressivo.

Tudo tem função, tudo está ligado, tudo me promove, tudo me melhora, seja qual for o caminho.

A perfeição paira indiferente às nuances, às interpretações, às doutrinas, às crenças, aos atos passados ou futuros.

Nada pode impedir a lei da perfeição. Não há julgamento, não há participação de uma consciência que decide, senão a minha.

Não há interferência quando não permito a interferência, e há interferência quando permito a interferência.

Vou junto com os mundos, junto com o sol, com a lua, com o sistema planetário, com a nossa galáxia, com as outras galáxias.

Estou caminhando num caminho sem fim, processando e evoluindo, ampliando minha consciência. A lei me mostra como caminhar mais facilmente.

Ser perfeito é conseguir a habilidade de funcionar na lei, porque tudo já funciona na lei.

Mesmo a minha disfunção é útil ao aprendizado e à minha conquista da funcionalidade. Todo deficiente está apenas experimentando uma vivência do despertar de outras habilidades, de outras formas de desenvolver-se, e é periódico, porque ele sai da vida e volta a ter a saúde completa, e sua estrutura se refaz completamente.

Nada na lei da transformação vai se perder. Tudo se recompõe, tudo se renova. Morro velho e daqui a pouco estou novamente jovem, refeito, recomeçando, recomeçando e recomeçando sempre.

A cada minuto da vida eu me refaço, recomeço, me transformo e opto, me reinvento, me transformo, numa dança que jamais vai parar, e o prazer está justamente em dançar, em se transformar, em viver.

Aonde chegar não me é dado saber, porque também não me interessa, pois tem algo que cuida disso.

O que me interessa é como eu ando, como eu danço, como eu vivo, como estou. Todo o resto me mostra a segurança na perfeição.

Tudo é absolutamente seguro. Quanto mais estudo e vejo a segurança em mim e em todas as coisas, mais eu me sinto seguro, mais tenho inspiração de como agir, de como me posicionar, de como entrar no sempre acertar, no sempre entender, no sempre compreender.

É pensando na lei que eu desabrocho a consciência cósmica, compensando o mecanismo de viver, e me transformo em direção do fluir de maneira funcional com tudo isso.

O nome da perfeição é equilíbrio. A sensação que tenho com o perfeito é o descanso no equilíbrio, que tem uma constante na modificação.

A constante sou eu, espírito eterno. Sou a constante no universo, o que se transforma e nunca deixa de ser si mesmo.

Segurança é a consciência do meu espírito. Não importa o que acontecer, ainda serei eu e melhor do que sou.

A vida não me assusta, porque se vivi tudo isso e estou aqui, estarei daqui a milhões de anos bem melhor do que estou.

Não há o que condenar na vida. Eu criei minhas ilusões, eu criei minhas desilusões, eu criei minhas mágoas, eu criei minhas revoltas, por isso eu tenho que descriá-las. Na leitura que eu fiz, eu ainda era impotente para realizar o que eu queria.

Iludi-me com uma coisa que não era funcional, pois não tinha maturidade para produzir sua funcionalidade, assim não foi produzida e eu me vitimizei. Portanto, agora me liberto da vítima. Confronto as perdas, os fracassos, as decepções, compreendendo e assumindo total responsabilidade por elas, dissolvendo-as como dissolvem as ilusões.

A lei que me faz rever o que é verdadeiro e o que é ilusório me ajuda a discernir. Agora observo e estudo essa lei que está em tudo e em todo lugar.

Só assim vou poder aproveitar os conhecimentos que estou adquirindo no momento, sensibilizando-me. Ela sempre esteve aqui dentro de mim e, mesmo que esteja mais fundo na minha consciência, eu agora a reconheço.

Neste instante, eu abraço a perfeição que existe em tudo que fiz, que faço e que farei, mais consciente dela, e me elevo na contemplação da vida, percebendo quão extraordinária é.

Tomo a consciência de minha necessidade de usar a lei da perfeição, de pô-la definitivamente na minha vida.

Tudo é único, tudo se transforma, tudo evolui, tudo é eterno, tudo é funcional, tudo está ligado, tudo é crer, tudo é relativo, tudo é perfeito e o que é para eu ser, eu serei.

E assim vou vencendo os apegos, as ignorâncias e aprendendo a dinamizar meu potencial em meu próprio proveito.

Minha fé, minha importância, minha atenção, eu agora as seleciono bem para produzir os efeitos que eu quero. E certamente os produzirei e viverei o que eu produzir.

Está em mim a liberdade de escolher para aprender a escolher de acordo com o meu espírito, com a minha individualidade, com a minha diferença, preservando, pelo meu arbítrio, a minha integridade para ao universo me integrar.

Fique na paz.

© 2015 Gasparetto e Lúcio Morigi
© iStock.com/Paket

Coordenadora editorial: Tânia Lins
Coordenação de comunicação: Marcio Lipari
Capa e Projeto gráfico: Jaqueline Kir
Diagramação: Rafael Rojas
Preparação e revisão: Equipe Vida & Consciência

1ª edição — 4ª impressão
2.000 exemplares — agosto 2023
Tiragem total: 16.000 exemplares

CIP-BRASIL. CATALOGAÇÃO-NA-FONTE
SINDICATO NACIONAL DOS EDITORES DE LIVROS, RJ

G232

Gasparetto, Luiz Antonio
Calunga revela as leis da vida / Luiz Antonio Gasparetto, Lúcio Morigi. - 1. ed. São Paulo : Vida e Consciência, 2015.

ISBN 978-85-7722-443-2

1. Sucesso 2. Autorealização. I. Morigi, Lúcio. II. Título.

15-24145 CDD: 158.1
DCU: 159.947

Índices para catálogo sistemático:
1. Medicina psicossomática 616.08

Todos os direitos reservados. Nenhuma parte desta edição pode ser utilizada ou reproduzida, por qualquer forma ou meio, seja ele mecânico ou eletrônico, fotocópia, gravação etc., tampouco apropriada ou estocada em sistema de banco de dados, sem a expressa autorização da editora (Lei nº 5.988, de 14/12/1973).

Este livro adota as regras do novo acordo ortográfico (2009).

Vida & Consciência Editora e Distribuidora Ltda.
Rua das Oiticicas, 75 – Parque Jabaquara – São Paulo – SP – Brasil
CEP 04346-090
editora@vidaeconsciencia.com.br
www.vidaeconsciencia.com.br

© 2015 Gasparetto, Luiz Antonio
® ISBN - Copyright (s)

Coordenadora editorial: Fátima Lins
Coordenação de comunicação: Márcio Lopes
Capa e Projeto gráfico: Jaqueline Kr
Diagramação: Patrícia Rosas
Preparação e revisão: Eugênia Vick & Carreira Br

1ª edição — 4ª impressão
2.000 exemplares — agosto 2023
Tiragem total: 16.000 exemplares

CIP-BRASIL. CATALOGAÇÃO-NA-FONTE
SINDICATO NACIONAL DOS EDITORES DE LIVROS, RJ

G27e

Gasparetto, Luiz Antonio
Curar-se: revela as leis da vida / Luiz Antonio Gasparetto, Lúcia Moraes. — São Paulo: Vida & Consciência, 2015.

ISBN 978-85-7722-448-2

1. Autoajuda. I. Moraes, Lúcia. II. Título.

15-19561   CDD: 158.1
           CDU: 159.9

Índice para catálogo sistemático:
1. Autoajuda : Psicologia aplicada

Todos os direitos reservados. Nenhuma parte desta obra poderá ser reproduzida, copiada, transcrita ou mesmo armazenada em equipamentos ou sistemas eletrônicos, mecânicos, fotográficos, gravação ou quaisquer outros, sem a permissão expressa do editor, de acordo com a Lei 9.610, de 19/2/1998.

Este livro não pode ser reproduzido no todo ou em parte sem autorização prévia do editor.

Vida & Consciência Editora Ltda. — CNPJ 67.241.981/0001-30
Rua das Oiticicas, 25 — Pq. dos Príncipes — São Paulo — SP — CEP 05396-000
Tel.: (11) 2539-2198
contato@vidaeconsciencia.com.br
www.vidaeconsciencia.com.br

Rua das Oiticicas, 75 — SP
55 11 2613-4777

contato@vidaeconsciencia.com.br
www.vidaeconsciencia.com.br